고향집 눌할망

고향집 눌할망

강서 수필집

수필과비평사

책머리에

글을 담은 곳간이 가득 차기도 전에 한 권의 책을 엮었습니다. 사실은 가득 차 있는 줄 알았습니다. 그래서 시작한 작업이기도 합니다. 하지만 알곡은 별로 없는 것을 알게 되었습니다. 글도 그렇지만, 저는 아직 시고 떫은 맛을 떨쳐내지 못한 익지 않은 사람임을 고백합니다. 겸손한 마음으로 세상의 수많은 책더미 위에 저의 작품집을 두 손으로 소중하게 얹겠습니다.

글을 쓰는 과정은 괴로우면서도 행복하고, 외로우면서도 충만하고, 상처 입었던 일을 꺼내면서도 동시에 치유 받는 일이었습니다. 소설이나 타 장르는 작품 속 화자 안에 작가의 내면을 은밀하게 숨길 수 있습니다. 그러나 고백 문학인 수필의 특성상 자전적 내용이 많아 작가의 삶과 철학이 드러나지 않을 수 없습니다. 진실하게 쓰는 것만큼 힘든 것도 없습니다.

글에다 저의 집을 짓는 일을 계속하렵니다. 그것은 세상을 비켜 은둔하고 싶을 때 아늑한 자리를 마련하는 것과 같습니다. 마음이 시끄럽고 기댈 곳이 없을 때 언제든 날아가 쉴 수 있는 품 넓은 녹나무의 우듬지 같은 곳이 되어줄 것입니다.

늦게 문학 공부를 시작했습니다. 어느 겨울날, 새벽까지 공부를 하고 밖으로 나왔을 때 세상은 하얀 눈 이불을 덮고 깊게 잠들어 있었습니다. 그때, 인생을 알차게 살고 있다는 충만함을 느꼈습니다.

문학 공부의 첫 가지가 세상에 나오게 됨을 감사하게 생각합니다. 문학을 향유하며 살기까지 길을 만들어 준 남편과 보물같은 아이들, 그리고 형제들에게 고마움을 전합니다.

가르침을 주신 여러 은사님과, 문학의 길을 함께 가는 문우님들께 고개 숙여 감사드립니다.

이 책을 사랑하는 어머님 영전에 바칩니다.

2020년 10월

강서

목 차

part 2

간 곳이 어디멘지

part 3

돗제 하는 날

part 4

고향집 눌할망

part 5

꿈에

part 6

아포리즘과 장편 수필

part 1

바다도 웃을 때가 있다

지치고 힘든 시간 속에 인간이 주는 어떤 것으로도 위로가 되지 못할 때, 잠시 눈을 감고 고향의 바닷가 오목한 자리에 지친 내 영혼을 부려 놓는다. 그러고 나서 이젠 돌아갈 수 없는 어린 시절의 달콤한 추억을 한 입 베어 문다.

바다도 웃을 때가 있다

신록이 눈부시다. 마당의 매화꽃이 좋더니 매실도 많이 달렸다. 유자나무는 폭설에 시달려서 그런지 잎이 많이 져 버렸다. 봄이 오니 어린 싹이 돋아나 지금은 색이 더 짙어졌다. 해거리하는지 올해는 꽃도 몇 개 피우지 못했다.

바다도 해거리를 한다. 사람들이 톳이나 미역 수확량이 작년보다 많이 떨어진다는 말을 주고받을 때면 해거리해서 그렇다고 했다. 어린 시절의 바다는 늘 풍요로웠다. 어머니께서 말씀하시길 바다는 씨 뿌리지 않고 거두는 곳이라 했다.

유월 장마가 지루하게 느껴질 때 우리 형제들은 마루에서 공기놀이를 하거나 만화책을 읽었다. 그럴 때면 어머니께선 슬쩍 테왁을 둘러메고 바다로 가신다. 재수가 좋으면 잡히는 고둥을 잡으러 가시는 것이다. 우리는 보말이라 불렀다. 바닷속 바위 한곳 언저리에 모여 있는 이 고둥은 두 손으로 쓱 훑으면 단숨에 많은 양을 긁어모을 수 있다. 누군가 한발 앞서 쓸고 지나면 허탕일 때도 있지만 말이다.

어머니의 테왁이 빈 채로 물에서 나는 것을 본 적이 없는 우리는 마루에 엎드려 비 오는 마당을 바라보며 턱을 괸다. 문어와 소라도 많이 잡아 오기를 바라며 말이다. 두어 시간 후 돌아오신 어머니는 말없이 부엌 옆 쉼팡에 테왁을 내려놓는다. 많은 해산물은 우리를 실망시키지 않는다. 고둥과 소라, 문어 등이 들어 있고 우럭도 몇 마리 있다. 우럭은 말려 보리 항아리 속에 두었다가 제수용로 쓰거나 열 마리를 한 묶음으로 팔기도 했다. 흙 마당엔 장맛비가 만든 거품이 조르르 떠내려가고, 고둥을 까먹는 우리를 바라보는 어머니의 얼굴엔 흐뭇한 미소가 흘렀다.

바다는 자신의 모든 것을 내어주면서도 공치사하지 않는다. 아낌없이 주는 것이 바다다. 많은 사람이 바다를 생활의 터전으로 여기며 살았다. 외할아버지는 생선이나 멸치젓 등을 중산간 마을까지 싣고 가서 곡식과 바꿔오셨다고 한다. 어느 날 외할아버지댁 뒤란에 켜켜이 쌓인 많은 오지항아리를 보았을 때 어머니가 해 주신 말씀이다.

바다도 가끔 웃을 때가 있다. 잊을 수 없는 기억이다. 밤사이 넓은 너럭바위가 은빛으로 변했다. 멸치 떼로 뒤덮인 것이다. 멸치잡이는 썰물이 되면서 빠져나가지 못한 멸치 떼를 족바지라는 도구를 이용해 잡는다. 그런데 이번은 다르다. 어마어마한 양의 멸치가 갯가로 밀려든 것이다. 그 넓은 바닷가가 멸치 떼로 뒤덮인 적은 흔치 않았다. 아이들은 발밑의 멸치를 주울 생각은 않고 오징어를 줍겠다고 아우성이다. 멸치 떼를 쫓아 온 오징어나 갈치를 주울 수 있기 때문이다. 어른들 얘기로는 마을에서 한참 떨어진 동쪽 바닷가도 온통 멸치로 뒤덮였다고 한다.

멸치를 줍다 잠시 고개를 들었다. 그 순간, 바다가 웃고 있는 것을 보았다. 발밑의 멸치가 뭉개지는 줄도 모르고 뛰어다니는 아이들의 즐거운 웃음. 바로 그것이었다. 바닷물로 즉석에서 멸치를 삶아 말리는 어른들의 얼굴에도 그런 미소가 떠올랐다. 미끄러운 바닷가를 기쁨에 겨워 뛰어온 언니의 오징어를 든 두 손에도 그 웃음은 남아 있었다.

또 한 번 바다가 즐거워하는 모습을 본 적이 있다. 아주 어릴 적이었는데 외할아버지의 배가 만선의 기쁨을 안고 해수욕장 백사장 인근에 닻을 내렸다. 선원들 얼굴에도 기쁨이 가득했다. 그들은 몇 척의 테우로 번갈아 가며 생선을 육지로 옮겨왔다. 테우에서 고리*로 옮기는 과정에서 많은 물고기가 얕은 바다로 떨어졌다. 바닥에는 떨어진 생선들이 가득했다. 그걸 주우려는 아이들이 갈매기 떼처럼 몰려들었다. 순비기 나뭇가지로 몇 꿰미씩 주웠다. 아이들의 표정에선 즐거움과 기쁨의 미소가 흘렀다. 바로 그 순간, 바다는 웃고 있었다. 잔물결도 기쁨의 흰 띠를 두르고 연신 아이들의 종아리를 간질였다.

바다가 언제나 주기만 하는 것은 아니다. 많은 것을 쓸어 가버릴 때도 있다. 태풍이 불 때다. 어느 해는 심한 태풍이 불었는데 만조가 되자 해일까지 덮쳤다. 오후가 되자 길은 물론 비교적 위쪽에 자리한 우리

---

* 고리: 멸치 따위 바닷고기를 운반하는 데 쓰이는 대오리 등으로 엮어서 만든 바구니. (천 고리여, 만 고리여 이여싸 소리에 닻 올라온다.) –제주어 사전

집 마당도 발목까지 바닷물에 잠겼다. 바닷가 옆의 외할아버지댁으로 가보았다. 마당에는 바닷물이 차올랐고 빗자루 같은 게 떠다녔다. 파도는 연신 집을 향해 으르렁거렸다. 어른들은 광에서 곡식이 담긴 항아리들을 옮겼다.

비바람이 정신없이 몰아치는 가운데 돼지 비명이 들렸다. 성난 파도는 집의 울담과 보릿짚으로 만든 돼지의 집까지 허물어 버린 뒤였다. 지붕 위에 올라선 채 연신 소리를 질러대던 돼지는 끝내 바다로 쓸려가 버렸다. 발을 동동 굴렀지만 때는 이미 늦었다. 안타까움과 탄식 속에 돼지의 비명은 멀어져 갔고 그 모습은 지금도 눈에 선하다. 그렇게 태풍과 해일은 광 속 가장 깊은 곳에 있던 밀 항아리까지 거리에 둥둥 떠다니게 하던 괴물이었다.

태풍이 지나가면 언제 그랬냐는 듯 주위는 평온을 되찾는다. 바다는 사람들로 하여금 광포했던 자신의 성미를 잊게 하는 이상한 힘을 가지고 있다. 우리는 돼지가 떠내려간 지점쯤 되는 곳에서 멱을 감았고 낙지도 잡았다. 인간이 바다에 화해를 청한 건지 바다가 미안한 마음에 가끔은 웃어 주는지 모를 일이다.

멸치도 들지 않고 생선도 씨가 마른 요즘 바다가 웃는 모습을 보기 어렵게 되었다. 바다가 웃는 모습을 다시 한번 보고 싶다.

쉬지 못하는 병

이건 분명 병이다. 알고는 있었지만 심각한 줄 몰랐다. 쉴 줄 모르는 병이다. 누워 있으면서도 유튜브로 강의를 듣는다. 하다못해 누운 채 책이라도 읽어야 한다. 그래야 마음이 편하다. 그러니 뇌는 쉴 수가 없다. 편히 앉아 티비를 보는 것도 오래 할 수 없다. 중간에 할 일이 생각나 여러 번 일어선다. 다 팽개치고 가만히 있어 보자니 일 생각이 떠나지 않는다.

명절을 맞아 서울에 있는 큰아이가 내려왔다. 엄마가 만들어 주는 음식을 좋아해서 몇 가지 요리를 했다. 가족이 다 모이니 흡족하다. 편안하게 오래 담소를 나누고 싶었다. 그러나 마음뿐이다. 무언가 해야 할 일이 생각나 가만히 앉아 있을 수 없다. 대화가 자주 끊겼다. 주부에게 집은 노동의 장소라는 말이 맞다고 생각하며 가스레인지를 닦는다. 뜨거울 때 청소해야 말끔히 할 수 있으니 지금 바로 해야 한다. 보다 못한 아이가 말한다. “엄마, 좀 쉬세요.” “아니야. 괜찮아, 얘기해.”

아이들이 어릴 때도 인내심을 가지고 말을 잘 들어주지 못했다. 학교에서 일어난 일이나, 친구 관계도 하나부터 열까지 얘기해 준다. 눈을 마주 보며 다정하게 들어 주고 싶은 마음은 크지만, 실제는 그렇지 못했다. 보통 빨래를 개거나 식사 준비를 하면서 들어 주었다. 해야 할 일이 너무 많았다.

저녁밥을 먹고 나면 다음 날 먹일 것을 준비해야 한다. 낮에는 시간이 안 되니 저녁에 청소와 세탁도 해야 했다. 뒤늦게 시작한 공부도 많은 시간이 필요하다. 새벽 두세 시까지 강의를 들었다. 가족들이 잠든 깊은 밤이라야 집중을 잘 할 수 있기 때문이다. 미처 처리하지 못한 과제물도 보통은 작문을 하는 것들이라 창작의 기쁨을 누리지 못하고 시간에 맞추어 제출하기 바쁘다. 문학을 공부하면 행복할 줄 알았는데 현실과 이상의 차이가 컸다.

아이들이 크면 여유를 가질 수 있을 줄 알았다. 하지만 지금도 마음뿐이다. 동동거리며 살아온 게 어느새 습관이 되었다. 잠시 심호흡을 하고 마음을 가라앉혀 본다. 바쁠 때일수록 돌아가라는 말을 생각하며 훈련을 해 보는 것이다.

멀리 있는 나무를 바라보며 생각에 잠기고 싶어 차 한 잔을 들고 정원으로 나왔다. 벌써 마음이 출렁거린다. 오래 있어 보려고 애쓰며 정원석을 바라보다 의자로 가 앉는다. 아래를 내려다보니 잔디 마당에 잡초가 몇 개 보인다. 애써 외면한다. ‘잔디 있는 곳에 풀이야 당연히 있는 것이다.'라고 생각하기로 했다. 하지만 결국은 잡초에 손이 간다.

조용한 시간을 가져보러 나갔던 애초의 생각은 잊어버렸다. 차가 채 식지도 않았는데 바로 일어선다. 호미를 손에 쥐며 십 분 넘게 아무 생각 없이 멍하니 있어 보는 게 얼마나 힘든 일인지 체감한다. 쪼그려 앉아 풀을 뽑으니 좀 안정이 된다.

아이들 키울 때 일과를 마치고 누우면 옷걸이에 걸지 않은 옷이 마음에 걸렸다. '저걸 걸어야 하는데.' 하는 마음과 '괜찮아.' 하는 마음이 대립한다. 잠은 달아나고 결국은 그것을 걸어놓아야만 잠을 잤다. 별것도 아닌 것을 가지고 자신을 괴롭혀 왔던 것 같다. 완벽주의가 이런 것인가.

아무 일이 없는데도 가끔 불안하고 초조하다. 그럴 때면 가만히 마음을 들여다본다. 밥 먹을 시간까지 놓치며 살았던 바쁜 일상이 이 순간까지 쫓아 온 것을 느낀다. 여유를 가지려던 마음은 자주 그것의 부리에 쪼여서 너덜너덜해졌다.

마음을 어루만져 주는 학문을 전공한 딸이 도움을 주었다. 이런 감정은 현대인 대부분이 느끼는 것이니 크게 걱정하지 말라고 한다. 한국의 많은 젊은이의 경우, 공부의 산을 넘으니 취업이라는 더 큰 산이 가로막혀 있어 불안과 초조를 경험하는 일이 많단다. 아이가 내 손을 잡으며 가만가만 얘기해 준 내용을 되새겨 본다.

불안은 마음이 미래에 있음으로 생기는 것이다. 일어나지 않은 일에 대한 걱정이 이어진다. 기운이 위로 뜨기 때문에 가만히 앉아 있거나 집중하지 못하고 안절부절못하거나 서성거리게 된다. 깊이 자지 못하고 자고 나서도 피로가 풀리지 않은 느낌이 들기도 한다.

반면 우울은 마음이 과거에 있다. 그렇게 되면 후회와 수치심 같은 감정을 느낀다. 우울의 기운은 아래로 가라앉는다. 활동이 저절로 줄고 기력도 줄어들게 된다. 존재가 현재에 있지 못하고 과거나 미래에 있게 되면 현재를 경험하지 못하니 자주 헛헛하고 공허하다. 어떤 일을 하면서도 집중하지 못하고 다음 일을 생각하며 걱정한다.

예를 들면, 여행을 갔는데 즐거움을 전혀 느끼지 못할 수 있다. 떠나기 전에는 설레고 들떠 있는 마음으로 지내다 막상 여행지에 도착해서는 즐기지 못한다. 돌아가서 처리해야 할 일이 떠오르고 남아있는 가족 생각으로 가득하다. 현재를 즐기지 못하는 것이다.

'지금, 여기'를 경험하는 것은 아주 중요하다. 현재를 살기 시작했을 때 충만한 삶이 된다. 존재가 '지금, 여기'에 있을 때 밀도 있는 인생을 살고 경험할 수 있다. 가장 좋은 방법은 신체감각에 집중하는 것이다. 내가 무엇을 보고 있는지, 듣고 있는지 지금 이 자리에서 느껴보는 것이다. 신체감각을 통해 정신을 현재로 데려온다. 그 이후에는 마음이 어떠한지를 살펴보는 것이다. 이것은 자기를 향한 위로가 될 수 있다.

마음에 여유가 없으면 자주 가는 장소라도 무엇이 있는지 모르고 살게 된다. 그저 볼 일을 마치기만 하면 주변을 돌아보지도 않고 돌아오는 것이다. 머릿속에 다음 할 일로 가득 차 있기 때문이다. 어쩌다 그곳에서 보지 못했던 멋진 곳을 발견한 날엔 지금까지의 행동을 뒤돌아보게 된다.

꼭 무엇이 되어야 하고, 돈을 많이 벌어야 이룬 게 많다고 할 수 있는 것은 아니다. 한동안 내 인생 운은 언제 터질까 조바심내던 적이 있다. 마음에 삿된 바람이 들었다는 걸 알게 되었다. 낭만을 잊고 살았다. 삶과 행동을 다스리는 법은 외부에 있는 것이 아니라 마음에 있다는 진실을 깨달았다.

'내가 열심히 살고 싶었구나. 그러느라 힘들었구나.'라고 자신을 토닥여준다. 그러면 한결 나아지는 것을 느낀다. 혼자만의 시간을 갖고 진정으로 하고 싶었던 일을 하고 싶다. 그래서 행복이라는 명랑한 짐승의 등에 올라타 멀리멀리 내달리리라.

운명의 여신

신은 존재할까. 기독교에서는 하느님의 모상대로 사람을 지어내었다고 한다. 그렇다면 사람은 참으로 귀한 존재이고 그 생명은 더할 나위 없다.

살다 보면 선의로 한 행동이 엉뚱하게 다른 방향으로 흘러가 버릴 때가 있다. 그중에는 인생이 뒤바뀔 만큼 큰일로 번질 수 있었던 일이 잘 풀려 가슴을 쓸어내리게 될 때도 있다. 그러면 자신도 모르게 신에게 감사하는 마음을 갖게 된다.

기억 속의 한 사건이 머릿속을 떠나지 않는다. 요즘 왜 자꾸 어렸을 때의 그 일이 생각날까. 일이 잘못되었다면 내 삶은 어떻게 달라졌을까.

오래전 일이다. 막내인 여동생은 우랑아로 태어났다. 여섯 살 터울이라 내가 돌보았다. 어릴 적 나는 깡마르고 키도 작았다. 등에 업힌 동생은 너무 무거워 어깨가 축 늘어질 정도였다. 아마도 내 키가 자라지 못한 것은 우량아 동생을 늘 업고 다녔기 때문일 것이다.

그 시절 동네에는 또래들이 많았다. 숙이도 동생과 비슷한 시기에 태어났다. 우리 집과 가깝고 어른들끼리도 친해서 왕래가 잦았다. 그날도 아기를 업고 숙이네 집에 갔다. 그 댁 할머니는 나를 무척 아껴 주었는데 동생을 봐줄 테니 잠시 어깨를 쉬라고 하셨다. 마루에서 동생은 잠들었다. 내다 준 시원한 미숫가루를 마시며 놀다가 숙이를 안게 되었다. 이렇게 가벼운 아기도 있다니. '내 동생도 이렇게 가벼우면 얼마나 좋을까.' 생각하며 업어 주었다.

그 집 옆엔 '공동장 물'이라 불리는 작은 방 하나 크기의 웅덩이가 있다. 돌담 너머로 바다가 시원하게 내다보이는 곳이다. 어린 우리는 넓은 바다가 아닌 작은 그곳에서 자주 놀았다. 담수가 나오는 곳이라 썰물엔 차갑고 맑은 물이 솟았다. 밀물이 되면 바닷물이 들어와 놀기에 알맞은 온도가 되어 물놀이장으로 그만이었다. 들물이 되면 어른 키 높이만큼 깊은 곳이 되기도 했다.

숙이를 업고 시원한 그곳으로 나가볼 참이다. 멀리 가면 안 된다는 아기 어머니의 당부를 들으며 집을 나섰다. 몇 걸음 걷는 동안 평소 동생의 무게를 감당해 온 내 등은 춤이라도 출 듯했다. 때마침 만조였던지 공동장 물은 가득 차 있었다. 물가로 가서 업은 아기를 비추어 보았다. 이렇게 가벼울 수가….

남의 아기를 업어 준다는 흐뭇한 마음과 함께 가뿐하기까지 하니 포대기 뒤로 두른 두 손이 어찌 즐겁지 않으랴.

"아가야, 까꿍."

업은 아기를 물에 비춰 보며 두어 번 그랬을까. 아차, 하는 순간 포대기에서 아기가 쑥 빠지며 물에 풍덩 빠져 버렸다. 물은 너무 깊었다. 어찌할 바를 몰라 허둥대다 냅다 달리며 소리쳤다.

"삼춘, 애기 물에 빠져수다. 혼저 옵서."

"아이고, 이거 무슨 일고."

그 뒤에 기억나는 것은 어지러운 발소리와 함께 울부짖는 단말마의 외침뿐이다.

간신히 아기는 건졌지만 내가 신열이 나고 아팠다. 며칠간 무당이 다녀갔다. 보통 넋들임은 한 번으로 끝나는데 여러 날 아팠던 모양이다. 무당은 마루 한가운데 나를 앉혀 놓고 그날 입었던 윗옷을 머리 위로 빙빙 돌리며 "어이 넋 들라, 어이 넋 들라. 강게姜家 넋 들라."를 주문처럼 외웠다.

그 뒤의 기억은 없다. 은혜로운 어둠이 숨겨 준 것인지 모른다. 어린 나에겐 너무 큰일이어서 끝 모를 심연에 가라앉혀 놓았던 것 같다. 허겁지겁 달려 나오던 하얗게 질린 얼굴과 흰 고무신들, 그리고 유난히 가득 들어찼던 공동장 물이 가끔 떠오른다.

아기는 곱게 자랐다. 대학을 졸업한 후 차를 샀는지 집 앞에 빨간 승용차를 세워 둔 것을 지나며 본 적이 있다.

"숙아, 건강하게 잘 자랐구나. 그 옛날 죽음에서 너를 구해 준 운명의 여신이 언제나 지켜주길 빈다. 너희 어머니를 닮은 자애로운 엄마가 되렴."

시골에 가는 날이면 기도하는 마음으로 그 집과 공동장 물을 지나게 된다. 행운의 여신이 나를 향해 윙크해 준 것 같다. 운명의 수레바퀴는 큰 돌이 박힌 길을 슬쩍 넘어가 주었다.

어른들을 도우려고 나도 물속 디딤돌에 빠졌던가. 흠빡 적신 채 벌벌 떨며 집으로 돌아가는 모습이 기억 속에 남아 있다. 눈물로 얼룩진 어린 나를 꼭 안아 주고 싶다. 그리고 두 손을 마주 잡고 무릎 꿇어 운명의 여신에게 감사 기도를 올리고 싶다.

그곳이 고통의 장소가 아닌 슬그머니 미소가 피어오르는 곳으로 기억되는 게 은혜롭기만 하다. 더위가 익을 대로 익은 백중날이면 길가까지 물이 넘치는 공동장 물. 친구를 부르러 갈 때 잘박잘박 고무신을 적시던 그곳. 지금은 돌덩이로 온통 메워져 있어 임자를 잃었다.

공동장 물을 향해 수굿이 고개를 숙인다.

뱀이 사는 집

그 집이 눈에 띄었다. 오래된 집이지만 아직 사람이 살고 있어 허물어지지는 않았다. 오랜만에 고향 집에 갔다가 돌아오는 중에 마주한 전설 같은 집. 안채와 바깥채가 있는데 안채에는 안방과 건넌방이 있고 바깥채엔 부엌과 외양간이 있다. 주인 할머니가 돌아가신 후 수리도 하지 않은 채 다른 사람이 살고 있다. 아직도 담쟁이가 푸른 잎으로 담벼락을 뒤덮고 있었다. 그 옛날처럼.

집주인 할머니는 상당히 깐깐한 분이었다. 제주가 외지사람들의 투기대상이 되어 부동산을 사들이기 시작한 1970년대 후반 무렵이다. 바닷가의 손바닥만 한 밭을 시세보다 몇 배를 받고 팔았다. 외아들에게 제주시의 이층집을 사주고도 돈이 많이 남았을 거라는 게 동네 사람들의 얘기였다.

그 집이 싫었다. 뱀 때문이다. 무더운 여름날 더위가 절정에 오를 때쯤이면 담벼락에 큰 구렁이 몇 마리가 서로 엉겨 붙어 있어 오가는 이의 발걸음을 멈추게 했다. 어머니께선 집을 지켜주는 수호신이라며 행여 부정이라도 탈까 봐 그 앞에서 말도 하지 못하게 하셨다. 바닷가 근처인 우리 동네는 멱 감으러 오는 다른 동네 아이도 많이 지나다녔다. 그중에는 돌을 집어서 뱀에게 던지기도 했다. 그러면 지나가던 어른이 호통을 쳤고 우리는 돌을 던진 아이의 집안에 머지않아 우환이 닥칠 것이라 생각했다. 뱀을 죽이면 안 되며, 만약에 죽이거나 잘못 건드리면 좋지 않은 일이 생긴다고 들어왔기 때문이다. 어려서부터 뱀과 관련된 많은 말을 들으며 자랐다.

다른 한 곳도 여름마다 구렁이가 담벼락에 엉겨 붙어 있던 집이 있었다. 두 집이 번갈아 가며 이런 일이 되풀이되곤 했다. 생각만 해도 징그러웠고 무서워서 정면으로 자세히 쳐다보지도 못하였다.

어머니께서는 여름엔 우무묵을, 겨울엔 빙떡을 만드셨다. 두 가지 모두 외할아버지께서 좋아하시는 음식이라 넉넉히 만들어서 들려 보내셨다. 어머니의 연례행사에 나도 덩달아 홍역을 치러야 했다. 노인이 계신 집마다 어머니께서 직접 만드신 탱탱한 우무묵을 나르는 일을 해야 했기 때문이다.

그 할머니 집에도 갖다 드려야 했는데, 뒤돌아 올 때면 누가 어깨를 잡아당기는 것 같은 두려움, 뒤돌아보면 안 될 것 같은 무서움에 사로잡혔다. 그 집에 사는 뱀이 대문 옆의 어두컴컴한 헛간에서 쫓아 올 것 같아 발이 땅에 닿기도 전에 날듯이 뛰쳐나왔다.

어머니께서 하시는 우무묵 연례행사를 별로 좋아하지 않았다. 왜냐하면, 그것을 집마다 나르는 때가 더위에 지친 뱀이 시원한 담쟁이 그늘의 담벼락으로 피서를 나올 시기이기 때문이다.

그때는 밭에 가신 어머니를 대신해 자주 저녁밥을 지어야 했다. 그러려면 광에서 곡식을 퍼 와야 하는데 어두컴컴한 광에 들어가는 게 고역이었다. 크지는 않았지만 뱀 한 마리가 광으로 들어가는 것을 보았기 때문이다. 며칠간 그 얘기로 어머니를 성가시게 했나 보다.

"그래, 그것이 열린 문틈으로 어디든지 기어가겠지. 네가 오기만 기다리며 광에 가만히 있겠느냐."고 핀잔을 하실 땐 어머니까지 미워졌다. 큰 구렁이가 보리쌀 항아리 속에 똬리를 틀고 있다가 손을 덥석 물것 같았다. 또 곡식을 보관하는 큼지막한 항아리들 사이에서도 그놈은 곧 기어 나올 것만 같았다. 한번은 어두운 광에서 참깨 자루를 밟아 뱀인가 싶어 놀라 뛰쳐나온 적도 있다.

밭일에 바쁜 며느리를 돕느라 눈이 어두운 시어머니가 저녁에 빨래를 걷어왔다. 거기에서 뱀이 기어 나와 곤한 잠을 자던 가족들이 난리를 벌였다는 앞집의 이야기는 지금도 동네 사람들에게서 회자 되고 있다.

사람에게 해를 끼친다고 없애 버리고, 보기에 징그럽다고 뱀을 죽여 버렸다면 제주의 생태계는 쥐가 우글거리는 섬이 되지 않았을까? 우리 조상들이 자연과 지혜롭게 공존하며 살기를 바라는 마음에서 그런 금기를 만들어 낸 게 아닌가 하는 생각이 든다.

그런데 요즈음 생태계가 무너져서인가. 몇 년간 뱀을 본 적이 없다. 쥐가 없어지면서 뱀도 사라진 걸까. 아니면 세상이 변하면서 생태계도 변한 걸까? 어머니께선 운신하기가 어렵게 되었고, 오랜만에 만난 동네 어른도 나이가 많이 들어 큰소리로 인사를 해야 알아듣는다.

그 집 담쟁이도 늙었는가. 굵은 줄기가 뱀처럼 담벼락을 기고 초록의 작은 손들은 바람에 흔들리고 있었다. 이마에 땀방울을 흘리며 우무묵을 만들던 젊은 날의 어머니가 그립다. 지금은 투정 부리지 않고 집마다 나를 수 있는데.

이번 주말엔 어머니께 다녀와야겠다. 고소한 콩가루를 곁들인 시원한 우무묵을 만들어 드리면 좋아하실 것이다.

푸구이, 자네

푸구이! 자네 이름을 소리 내어 불러보고 싶었네. 그리고 오래전부터 논하고 싶었다네, 자네의 인생을. 막다른 길 아니면 갈림길밖에 없었던 그 길을 어떻게 헤쳐 왔는지.

중국 작가 위화의 소설 《인생》을 읽고 자네를 알게 되었지. 작품 속 주인공인 '푸구이'라는 인물이 입체적으로 다가왔네. '부귀'라는 우리말을 중국식으로 발음하면 자네 이름이 되더군. 자식이 부귀영화를 누리길 바라는 부모의 마음이겠지.

자네의 인생을 담담하게 써 내려간 문림文林의 고수 위화는 대단한 작가라는 생각이 들더군. 그의 다른 작품을 읽으며 그 생각은 점점 더 굳어졌지. 노벨문학상 이야기가 나오면 자주 이름이 오르내리는 사람이라는 정도는 나도 알고 있네. 대륙의 깊은 목소리를 지녔다고 평가되는 그는 “사람은 살아간다는 것 자체를 위해 살아가지, 그 이외의 어떤 것을 위해 살아가는 것은 아니다.”라고 했지. 고개가 끄덕여지더군.

그래, 돌이켜보면 순식간에 지나온 것 같지만 얼마나 굽이굽이 고비가 많았나. 이 작품을 읽으며 여러 번 눈물을 훔쳤다네. 물론 더 큰 풍상을 겪은 사람도 수없이 많겠지. 그런데도 범상하고 누추한 삶이란 없다는 것이 참 아이러니하네.

자네의 인생을 읽으며 생각했네. 우리가 살아간다는 것은 얼마나 눈물겨운 일인지 말일세. 연약한 인간이 견딜 수 있는 한계는 어디까지인 것 같나. 속 시원하게 대답해 주게. 하긴 많은 일을 겪은 자네에겐 너무 가혹한 질문인 것 같군.

아들과 딸을 잃고, 아내와 사위까지 잃은 자네에게 더 이상의 불행은 일어나지 않으리라 생각했다네. 한데 하나 남은 혈육인 사랑하는 딸이 남긴 손자까지 잃다니….

아들이 죽었을 때 참 어처구니가 없었네. 교장 선생님의 출산에 학교 아이들이 불려가지 않았나. 산모를 위해 헌혈을 해 주다 피를 너무 많이 뽑은 탓에 자네 아들이 죽게 되었지. 남의 목숨을 대신해 죽은 게야. 어려운 살림살이에 신발을 아끼려고 눈 덮인 길도 맨발로 뛰었던 아이였는데 말이야.

농아였지만 지혜롭고 사랑스러운 딸의 죽음은 나조차 한동안 멍하니 천장을 바라볼 정도로 가슴이 아프더군. 푸근한 사위를 만나 안도하던 자네 부부의 모습이 오래되지 않았는데 말일세. 장애를 가진 딸의 미래를 걱정하던 중이 아니었나. 처음 신붓감을 보러 온 길에 처가의 살림을 찬찬히 훑어보는 사윗감이 처마며 담장을 살피는 것인 줄 누가 알았겠나. 그저 빈한한 살림살이를 확인하려 드는 줄로만 여겼지. 처지가 빈궁하면 남을 바라보는 시선도 쪼그라들 수 있어.

두 번째 올 때 자네 사위는 여러 사람을 데리고 와서 지붕의 띠를 새로 갈고 담장을 보수해 주었지. 너무 가난한 살림에 한 끼 먹기가 어려울 때 지붕과 담장이 다 무언가. 하지만 사위는 그것을 본 거야. 불행 옆에 있을 때 행복은 뜻깊은 게 아니겠나.

그런 행복도 잠시, 임신했다며 좋아하던 딸 내외에게도 죽음의 그림자는 덮쳐 왔네. "어른을 원해요? 아이를 원해요?" 하며 산부인과 의사가 복도에 나와 묻던 비정한 순간을 자네는 어떻게 기억하고 있을까. 아기를 낳던 날, 딸은 죽었네. 아들이 죽었던 그 병실에서 말이야. 인생이라는 단어가 너무 무거워 두 손으로 다 들 수 없을 것 같이 느껴지더군.

더는 애들 때문에 마음 졸일 필요가 없어 편하다는 아내도 딸이 죽은 지 석달도 되기 전에 세상을 떠나지. 이미 앉아 있을 기력도 떨어진 그녀가 말이야. 아, 이 부분을 읽을 때 판소리 〈심청가〉 중 '상엿소리'가 무척 듣고 싶더군. '누가 그 대목을 애끓게 불러준다면 박하를 삼킨 것처럼 답답함이 좀 해소될 텐데.' 하는 마음이 들었지. 현덕하고 음전했던 그녀가 생전의 한을 떨쳐내고 저승길을 훠이훠이 가지 않았을까 생각해 보았다네.

생로병사의 마지막 여정이지 않은가. "어이 가리 넘차, 너화 넘. 어허 넘차, 너화 넘." 이 한 맺힌 소리를 듣는 것만으로도 위로를 받을 수 있을 것 같았네. 가난한 살림에 장례는 어떻게 치렀는지 궁금해지더군.

어미를 잃은 손자는 제 아비 등에 업혀 다녔지. 어린 것이 배가 고파 울면 부인네를 찾아가 돈을 한 푼 쥐어 주며 젖동냥을 하지 않았는가. 아이 몸무게 늘어가는 재미에 사위는 힘이 났을 거야. 손자가 네 살이 되던 해 자네는 사위마저 잃었네. 사고였지. 이쯤 되면 어떤 사람도 견디어 내기 힘들 거야.

"아빠가 죽은 건 나도 알아. 날이 깜깜해졌는데도 나를 데리러 오지 않잖아."라고 떼를 쓰며 제 아비를 기다리는 손자를 바라보는 마음은 괴로움 그 자체였겠지. 죽는다는 게 어떤 것인지 설명해 주는 자네의 마음은 얼마나 쓰라렸을까.

고되고 힘든 날들이기도 했지만 어린 것이 있으니 살아갈 힘이 생겼을 거야. 집에서 기르는 암탉 두 마리가 거위가 되고, 거위가 자라서 양이 되고, 양은 또 소가 된다고 얘기해 주며 소 한 마리 사는 희망을 품었지 않은가.

한데, 그 아이가 일곱 살 되던 해 곁을 떠나 버렸지 뭔가. 아픈 아이에게 삶은 콩을 주고 목화 따러 간 사이에 그것을 너무 많이 먹어서 죽은 것이었네. 집이 너무 가난해서 그리된 거지. 자네는 울지 않더군. 완벽한 경지에 이르렀다는 말인가. 비 내리고 바람 거셌던 어젯밤 꽃은 시들었지만 잎은 더 진해졌다는 것인가.

손자를 잃은 지 일 년이 지나 늙은 소 한 마리를 사게 되었지. '푸구이'라는 자네의 이름을 붙여 주고 말 못 하는 짐승을 거두는 모습에서 인간의 위대함을 느꼈다네. 땅바닥에 머리를 대고 눈물을 흘리는 늙은 소가 불쌍해서 그걸 산 게 아닌가. 도살당하는 꼴을 차마 볼 수 없어 길을 떠났다가 괴로운 마음에 되돌아가 그 소를 사지 않았는가.

볼품없는 소를 샀다며 동네 사람들의 비웃음을 샀지만 참 잘한 일이

네. 자네의 상처 입은 마음은 소를 잡으려고 칼을 다 갈고 나서 손가락으로 칼끝을 시험해 보는 사람 곁을 지나칠 수가 없었던 거야. 밝음은 어둠에서 나온다는 말이 맞는 것 같네. 슬픔의 물기가 이제 좀 가시겠군.

젊을 때는 노름과 주색에 빠져 재산을 탕진해버리고, 그 뒤로는 볼품없어진 자네의 인생을 무엇으로 정의할 수 있을까. 자네라면 가벼운 코미디를 보듯 인생을 논할 수 있지 않을까 생각했네.

자네의 강은 어떻게 흐르던가. 야생적인 인생처럼 급류로 휘말려가며 흐르지 않던가. 깊고 넓게 흐르기를 무척이나 바랐겠지. 멈춰 서서 '너무 얕은 게 아닌가.' 하는 마음으로 뒤돌아봤을 거야.

자네가 운명과 나눈 것을 우정이라 할 수 있을까. 누구나 걸어가는 길이지만 가시밭길의 연속인 사람이 있고 곧고 평탄한 길을 걷는 사람도 있지. 그렇다면 누가 운명과 우정을 잘 쌓은 사람이란 말인가.

푸구이, 대답을 듣고 싶네. 또 다른 푸구이의 안부도 전해 주게나.

하찮은 것과 위대한 것

청국장을 끓인다. 고기와 두부 등을 넣고 다진 마늘을 넉넉히 넣는다. 간을 맞추고 대파를 넣어준다. 오늘 저녁 주메뉴다. 입이 짧은 가족들은 여기에 생선이나 고기를 구워 내놓아도 거의 손대지 않을 것이다. 밑반찬 두어 가지를 더하여 식사를 끝냈다. 일상의 저녁이다.

이것은 과연 하찮은 일인가, 위대한 일인가.

새해를 맞아 서울에서 공부하는 큰애가 제주에 내려와 십여 일간 같이 지냈다. 오기 전부터 엄마가 만들어 주는 음식이 먹고 싶다고 했다. 통화할 때마다 메뉴를 늘어놓는다.

가족이 좋아하는 잡채를 했다. 많이 만들어서 세 끼를 먹었다. 다음날은 텃밭의 시금치를 넣어 김밥을 해 주었다. 요즘은 시금치 들어 있는 김밥을 볼 수 없다. 오랜만의 색다른 김밥이라 만족하는 것 같다. 저녁엔 불린 쌀 위에 양념한 고기와 시래기를 얹어 시래기밥을 지었다. 참기름 두른 양념장과 함께 내었다. 두 공기를 먹는 일이 거의 없는데 다들 잘 먹었다.

오랜만에 식구들이 둘러앉아 밥을 먹는 모습을 마음에 담았다. 가슴 속이 촛불을 켠 것처럼 따뜻해졌다. 큰일을 해낸 것 같다. 정원에는 봄을 준비하는 매화나무, 사과나무가 듬직하게 서서 우리의 저녁을 지켜주고 있었다.

어릴 때, 밀물이 되면 파도가 바위에 부딪치는 모습을 하염없이 바라보았다. 몇 시간 전만 해도 사람들이 걸어 다녔던 곳이 어떻게 저 많은 물로 넘실거릴 수 있는지 생각했다. 그때는 자연만 위대한 줄 알았다.

자녀를 먹이고 입히며 교육하는 일, 그것은 존엄하고 숭고한 일이다. 존엄하면서도 하찮은 것은 무엇일까. 어제 무엇을 먹었는지 기억하지 못하는 삼시 세끼를 차린 게 그것인가. 반면에 아이가 내려왔을 때 음식을 만든 것은 위대한 일일까.

위대한 일은 또 있다. 예전엔 깊게 생각해 보지 못한 일이다.

어지럼증과 오랜 감기에서 헤어나오지 못하는 중이었다. 쉬면서 체력 보충하고 오라며 가족들이 등을 떠밀었다. 장소는 한 달 동안 비어 있을 세놓는 다가구 주택이다. '가자, 오로지 나만을 위해 살아보자. 건강해져서 돌아오자.' 하고 다짐했다.

몇 년 넘게 그곳에 사는 임차인들이지만 얼굴이 기억나지 않는다. 그들도 나를 알아보지 못할 것이다. 계약서 쓸 때 잠깐 본 게 고작이다. 조용히 이삿짐을 날랐다. 혹시 주인이 살고 있다는 걸 알면 불편해할까 봐 밖에 나갈 때는 모자와 마스크를 썼다.

그들 중 새해나 명절이 되면 아주 깍듯이 인사를 해 오는 이가 있다. 그는 젊고 예의 바르다. 월세도 약속한 날짜에서 하루를 넘기지 않는다. 언젠가 이틀 늦게 보낸 적이 있다. 미안하다는 말을 연신 해대는 일본인처럼 거듭 죄송하다고 문자를 보내왔다.

그의 방 맞은편에 기거하게 되었다. 하루는 늦은 밤에 그와 한 여성이 다투었다. 얼마나 크게 다투는지 내 방까지 들렸다. 다투는 내용을 들어보면 함께 생활했던 사이 같다. 목을 조른다는 여성의 비명이 들렸다. 큰일 날 것 같은 생각이 들었다. 목소리를 낮추어 경찰에 신고했다. 경찰서와 우리 집은 백 미터 정도 거리다. 삼십 분이 지나도 경찰은 오지 않았다. 그들의 격렬한 싸움은 끝났다.

다음날 새벽 세 시쯤이다. 기력이 떨어져 힘든 중에 불면증으로 괴로운 시간을 보내는 중이었다. 그 방에서 신음이 들렸다. 중간에 복도가 있고 육중한 쇠문도 있는데 어쩌면 그렇게 적나라하게 들릴까. 나도 모르게 일어나 앉았다. 어제의 다툼을 화해하는 몸짓인가. 얼굴이 화끈거림직한데 아무 느낌이 없다. '난 이제 사람도 아닌가 보다.'라는 생각이 휙 지나간다. 컴컴한 방에 앉아 손가락으로 이불에다 무엇인가를 썼다. 그러다 큰 깨달음을 얻었다.

'아, 저 사랑의 몸짓으로 인류가 존속되어 왔구나. 저 소리는 삼류소설의 살냄새 나는 이야기일지 모른다. 하지만 두 사람은 자신의 역사 한 페이지를 쓰고 있는 거야.'라는 생각이 들었다. 그렇게 바라보니 그들의 애정행각이 전혀 지저분하게 느껴지지 않았다. 생각해 보면 지구상에 존재하는 모든 사람은 사랑 행위의 결과물이다. 그리고 백여 년 후에는 현세대의 사람들은 사라지고 말 것이다. 한참을 혼자 고개 숙이고 앉아 생각에 잠겼다.

위대한 것은 또 있다. 어머니께선 손에 대해 자주 말씀하셨다. 가을 밭갈이가 끝나면 여름내 자란 담 위의 무성한 가시덤불을 쳐내셨다. 깨끗하게 단장된 밭을 흐뭇하게 둘러보시며,

"사람 손이 얼마나 무서우냐. 밭이 이발한 사람 모양 곱게 변하지 않았느냐."고 말씀하셨다. 언젠가 어머니를 모시고 언니와 중산간 마을을 지나게 되었다. 내가 언니에게 어머니가 사람 손의 위대함에 대해 강조하실 거라고 귓속말을 했다. 돌이 많은 척박한 땅에 조성된 과수원을 보시더니 아니나 다를까 또 말씀하셨다.

"봐라, 요 동네 사람들은 놀며 살았겠니. 돌밭에 귤나무를 저렇게 키우려면 무척 고생했겠지. 그래서 사람 손이 무서운 거야."라는 말이 끝나자마자 내가 언니의 허벅지를 꼬집었다. 언니는 눈을 흘기며 웃음을 참았다.

어려운 시절, 이웃과 음식을 나누었던 손, 바쁜 일손을 쪼개어 옆집의 농사일을 거들던 손이 있었다. 이웃 해녀 삼촌이 바다에서 돌아오며 건네는 미역을 든 정겨운 손들이 위대한 것이었음을 이제야 알게 되었다.

하찮은 것 같지만 위대한 것, 바로 우리의 일상이다.

향기는 힘이 세다

주머니도 없고 가방도 없다. 어디에 숨겼다가 아름다운 향기를 며칠이나 내뿜는 것일까. 말할 수 없고 움직일 수도 없는 꽃나무에서 큰 가르침을 얻는다. 나무도 꽃을 피워 향기를 내고 열매를 맺으며 임무를 완수한다. 사과꽃에서는 달콤한 사과 향기가 나고 유자꽃에선 상큼한 유자 향이 난다. 당연한 것 같지만 그것을 처음 알게 되었을 때 세상이 신기하게 느껴졌다.

정원의 유자나무가 꽃을 피웠다. 하나, 둘 세어보며 눈 맞춤 해준다. 특히 햇볕 가득한 잔디마당에 서서 맡는 유자꽃 향기는 특별한 감동을 준다. 나무가 비밀스럽게 말을 건다.

"안녕? 지난겨울은 상당히 추웠죠. 세상은 보이는 것만이 전부가 아니에요. 지금은 하얀 꽃만 보이지만 이제 곧 열매가 열려요. 여름을 견뎌야 노랗게 유자가 익듯이 세상은 신비 자체랍니다. 열매만 보고 과정은 생각하지 못하는 사람이 많아요. 하지만 거기엔 인간의 지혜를 뛰어넘는 그 어떤 것이 있답니다."

집 주변에 박물관이 있어서 산책을 하러 자주 간다. 일부러 꽃과 나무가 많은 쪽으로 향한다. 조물주의 호흡을 깊이 느껴보고 싶어서이다. 꽃 중에서도 치자 꽃향기는 어질어질하다. 부드럽고 고급스러운 꽃은 녹색 가득한 나무 어디에 있다가 유월이 되면 피어나는 것일까. 저 흰 꽃으로 옷을 지으면 입을 때마다 향기가 나겠지.

조그만 나무가 인간보다 더 위대해 보여 고개를 숙이고 걷는다. 때에 맞추어 잎을 내고 꽃을 피우고 열매를 맺는다. 위대한 일을 키 작은 나무마저 해내고 있는 걸 본다. 어떤 지존하신 이의 명령이기에 삼라만상이 그의 지시에 따르는 걸까.

음악에도 향기가 있다. 노르웨이 소녀 가수 안젤리나 조던의 노래에는 영혼을 훔치는 매력이 있다. 특히 일곱 살 때 부른 〈gloomy Sunday〉는 자주 듣지 말아야 한다. 그렇다고 한 번만 듣고 말아서는 안 된다. 올드한 그녀의 감성을 충분히 느끼지 못할 수 있기 때문이다.

맨발의 소녀가 오른발을 살짝살짝 흔들며 부르는 모습에 빠져들면 몸과 마음이 분리되는 것 같은 착각이 든다. 분명 몸은 방 안에 있는데 영혼은 〈지붕 위의 바이올린〉의 결혼식장에 들이닥친 러시아 군인의 군홧발을 본다. 그리하여 아수라장이 된 그곳에 서서 러시아 혁명이 시작되는 여명의 시간을 보게 될 것이다. 신혼부부의 베개 속이 터지며 날리는 거위 털이 마치 꿈처럼 느껴지는 비극의 현장에서 눈물을 참기 힘들 수 있다. 왜 비극은 좋은 날에 생기는가.

그림에도 깊은 향기가 배어 있다는 걸 전에는 왜 몰랐을까. 가끔 인사동에 그림 전시회를 보러 간다. 무엇을 말하려는 건지 도통 감 잡을 수 없는 추상화 앞에서 절망감을 가득 안고 돌아온다. 내게 그림은 닿을 수 없는 요원한 미장센인가.

강요배 화백의 전시회를 본 적이 있다. 그림을 보고 가슴이 쿵 소리를 내며 내려앉을 줄은 몰랐다. 생각은 온통 가뭄이 들어 숨쉬기조차 버거울 때였다. 한참을 앓고 난 후다. 몸과 마음이 축나 있어 감정이 더 예민해서 그랬는지 모르겠다. 허전허전하게 걷다가 만난 작품은 자세를 반듯하게 곧추세워 주었다. "바르게 서야지. 흔들리며 살지언정 쓰러져서는 안 돼." 하며 격려해 주는 것 같았다.

여름 햇살에 빛나는 바다를 그린 작품 앞에서 오랫동안 머물렀다. 큰아이를 가졌을 때 서귀포 어느 해안가에서 보았던 바로 그 모습이다. 윤슬이 무척 고왔다.

"아기를 갖지 못할 수 있어." 반말로 아무렇지도 않게 선고했던 의사에게서 한기를 느끼던 때였다. 측은지심이 없는 그가 의술로 세상을 향기롭게 적셔줄 것 같지 않았다. 병원을 바꿨다.

주상절리 그림은 폭발물을 안은 바다의 모습이다. 바람 냄새를 맡은 구름은 춤추듯 혹은 가을날의 들판인 듯 질펀하다. 태풍 부는 날 보았던 성난 파도가 거기에 있었다. 갯바위도 파도를 이겨내고 있다.

제주 돌담에 매달린 늙은 호박 서너 개가 그려진 그림도 가슴을 뒤흔든다. 어떻게 해서라도 살아보려고 여린 줄기에 매달려 있다. 돌담에 맞닿은 부분은 들춰 보지 않아도 생채기가 생겼을 것이다. 여름의 쇠

익는 냄새가 날 것 같은 무더위에 작고 부드러운 애호박은 살을 에는 괴로움을 겪는다. 그것을 이겨내면 속이 붉고 맛있는 늙은 호박으로 성장한다. 오히려 다른 부분보다 더 딱딱한 껍질이 된다. 하지만 나약하여 굴복하면 생채기가 생긴 곳부터 흐물흐물 썩기 시작하여 호박이 열렸던 흔적조차 사라지는 것이다.

"그렇구나. 너도 너만의 고난을 견뎌내야 하는구나." 혼잣말을 하며 세상의 온갖 생명 있는 것에 대해 생각한다. 슬픔 부스러기가 눈물이 되어 흐른다. 그림에서 위안을 얻다니….

끊임없이 향기를 내뿜는 것이 인간으로서 가능할까. 치장과 교태가 예술의 전부는 아니라고 했던 조각가 한 사람이 생각난다. 1·2차 세계대전에서 아들과 손자를 잃은 케테 콜비츠이다.

독일의 전쟁희생자를 위한 기념관에는 〈죽은 아들을 안고 있는 어머니〉라는 청동상이 있다. 그곳엔 헬무트 콜 총리의 제안으로 내부에 있던 모든 기념물을 들어내고 오직 조각상 하나만이 남겨졌다. 기념비 수만 개보다 강한 호소력이 있는 작품이다.

모자상은 전쟁에서 아들을 잃은 수백만 어머니를 위로해 주었다. 도움이 필요한 시대에 예술로 영향을 미치고 싶다는 그녀의 바람이 실현된 것이다. 보는 이의 심장을 때리고, 눈물을 흘리게 하고, 결국은 두 주먹을 불끈 쥐게 한다.

살상과 폐허를 남긴 전쟁의 소용돌이 속에서 개인의 삶은 말살되고 해체된다. 거칠게 흘러가는 세상의 흐름에 한 사람의 힘은 풀잎만큼이나 약하다. 그런 가운데 힘든 인생을 산 여성의 조각상은 큰 힘을 발휘하고 있다.

나무를 바라본다. 사철 푸른 잎을 가진 우람한 녹나무가 되고 싶다. 그러면 고즈넉한 저녁노을을 한없이 바라보리라. 아이들의 웃는 소리가 들리면 함께 소리 내어 웃을 것이다. 지혜를 구하는 사람이 있어 깊은 생각에 잠기고 싶다면 기꺼이 자리를 내주리라. 가슴을 에는 아픔을 가진 이가 기대어 오면 그의 작고 마른 얼굴을 쓰다듬어 주리라. 광채로 번득이는 세상에 그늘이 되어 주고 싶다.

사람은 생각과 말과 행동으로 살아간다. 주변은 그것으로 인해 변화한다. 사람들 사이에도 꽃이 핀다면 세상은 향기로 가득할 것이다.

큰 가름의 허수아비

'내가 지금 누구에게 절하고 있는 거지? 가로등에 절한 거야, 달님에게 한 거야.' 쓴 약을 입에 문 것처럼 입을 앙다물고 절하고 나서 든 생각이다.

정월의 쌀쌀한 초저녁, 집 앞 가로등이 굽어보고 있는 마당에 돗자리를 펴고 절하고 있는 내 옆에는 어머니가 비손을 하고 있다. 중얼거리는 축원까지 다 들어주겠다는 듯 구름 속에서 달이 온화한 얼굴을 내민다.

제상 위에는 쌀 한 대접과 정화수가 있고 촛불이나 향은 피우지 않았다. 달이 뜨는 초저녁에 동쪽을 향해 세 번 절하라는 어머니의 성화가 어디 한두 해 있어 온 일인가. 삼십여 년이 더 된 일들이 또렷이 기억난다.

정초가 되면 가족의 토정비결을 봐 오시는 어머니와 가끔 실랑이를 벌이곤 했다. 그 토정비결이라는 게 직장을 다니는 나의 밤길 조심하라거나 올해 도둑이 들 운세라는 등 쉰내 나는 얘기들이었다. 결국 액막이를 위해 세 번의 절을 해야 한다는 것이다.

"어머니, 그 돈 나한테 줍서. 돈 받고 토정비결 봐주는 어른보다 난 더 잘 볼 수 잇수다. 어머니 밭담 넘을 때 조심하고예, 물질할 때 테왁 허리에 잘 묶어신가 봅서. 열 살짜리도 할 수 있는 말을 죽자쿠나 믿엄수과."

"에에, 노릇이여,(아이쿠, 일을 그르쳤구나,) 넌 어떵 ᄒᆞ민 경 잘나시.(너는 어쩌면 그렇게 잘났냐.)"

다음 순서는 말하지 않아도 우리 모녀는 잘 알고 있다. 어떻게든 어머니께선 내 마음을 돌려놓을 것이고 착한 딸인 나는 그에 따를 것이라는 걸.

"정월 보름날 달이 떠올 때 동쪽을 향해 세 번 절해야 ᄒᆞᆫ 해가 문작(한 해가 탈 없이) 넘어 가는 거 아니가."

잊지 말고 그날은 일찍 퇴근해야 한다고 며칠 전부터 다짐을 받아두신다. 세례를 받고 막 가톨릭 신자가 된 때였다. 울상을 지으며 그러겠다는 말도, 못 하겠다는 말도 못 하고 어물거리다 출근이 늦었다며 내뺀다. 그러나 토정비결에 묶여 있는 어머니를 위해 세 번의 절을 해드리기로 마음먹는다.

귀한 아들이나 가장이 삼재가 들거나 운이 썩 좋지 않은 해에 사람들은 더 심각한 액막이를 했다. 짚으로 만든 허수아비를 밤에 사람들이 많이 다니는 어두운 곳에 세워놓는다. 맨 처음에 그걸 본 사람은 매우 놀란다. 그러면 액운이 그 사람에게 깃들게 된다. 밤에 허수아비를 보면 놀라지 말고 발로 부수어 액운 따위는 옮겨붙지 못하게 해야 한다. 그런데 어쩌랴, 무심코 길 가다가 허수아비와 맞닥뜨리는 걸.

이맘때가 되면 무당은 무척 바쁘다. 큰 행사인 해녀굿을 비롯해 집마다 액막이를 하느라 굉굉하는 징 소리가 들리는 때이기 때문이다. 해녀들은 물 깊은 벙겅망바위에서 지들임*을 하고, 귀한 귤이나 사과도 던지며 해산물의 풍요를 기원했다. 무당은 그곳에 서 있다가 해녀들이 구덕**에 제물을 차려오면 순서대로 이름과 소원하는 것들을 용왕님에게 빌어주고 음식 퇴물과 돈을 받았다.

차가운 바닷바람에 기가 더 세진 싸락눈을 맞으며 해녀들은 가족의 건강이나 시험을 앞둔 아들의 합격을 빌었다. 무당의 입에서 나라의 녹을 먹을 것이라는 점괘라도 받는 날엔 동네 아낙들의 입에 꽃이 피었다. 부러움의 꽃, 시기와 질투의 꽃이다.

'바당에 들 땐 지애집 일람직 허곡, 나올 땐 똥막살이 폴암직 헌다.(바다에 들 때는 기와집이라도 이룰 것 같고, 나올 때는 오막살이를 팔아야 할 것 같다.)'는 말은 해녀의 고달픈 삶을 보여주는 제주속담이다. 그러나 나아지지 않는 삶을 절망하거나 포기하지 않고 절대적인 존재에게 의지하면서 한 발짝씩 전진해 온 삶을 생각하면 절로 숙연해진다.

북두칠성도 보이지 않는 밤길을 걷는 나그네처럼 격언 몇 가지에 의지해 사는 민초들에게는 세시풍속 하나하나가 경건한 의식이었을 것이다. 허수아비에게 액운과 걱정거리를 담아 날려 버리고 희망차게 한

---

* 지들임: 지아룀. 영등굿 등에서 요왕이나 바다에서 죽은 영혼을 대접하기 위하여 백지에 제물을 싸서 바다에 던지는 일. -제주어 사전

** 구덕: 바구니의 제주어

해를 시작하려 했던 지혜가 보이지 않는가.

지금도 옛날 어른들이 말하는 '이 밤과 저 밤사이에(아주 으슥한 야밤에)' 제물을 차려 구덕에 지고 마을에서 멀리 떨어진 들에 있는 신당을 찾아 치성을 드리고 오는 사람들이 있다는 얘기를 들었다.

가는 동안에는 뒤를 돌아보지 말아야 하며 중간에 아는 사람을 만나도 말을 하지 말아야 한다. 며칠간 대문에 금줄을 쳐서 잡인의 출입을 금하고 지극한 정성으로 일을 치러야 한다. 아리랑 고개를 지나니 도깨비불이 보여 관세음보살을 몇 번 읊으니까 사라지더라는 말은 해마다 깊은 밤에 당을 찾아 치성을 드리는 동네 삼촌의 얘기이다.

아직도 정초가 되면 액막이를 위해 허수아비를 세우는 민초들이 있는 한 깊은 뿌리를 간직한 제주의 풍습들은 쉬이 사라지지 않으리라.

그들의 대법천황 하늘님

“어디서 옵데가? 뚤이우꽈, 메누리우꽈. 아이고, 난 자식들도 오지 않는 늙은이랜 저 사람덜 날 나무래연(무시해서) 밥도 안 줍니께. 집에 가젠 ᄒᆞ여도 걷지도 못ᄒᆞ고 그렇다고 죽어지지도 않고.”

“아, 새로운 할머니 오셨구나예. 우리 어머니 움직이지 못하는 분이니까 잘 봐 줍서예.”

“누워만 이신 할망, 말을 ᄀᆞ아지카, 밥을 먹어지카, ᄒᆞ저 죽어사주.”

요양원에 계신 어머니 옆자리에 새로 입소하신 할머니 한 분과 나눈 대화이다. 어머니는 뇌경색으로 왼쪽 팔다리가 마비되었고 콧속으로 관을 삽입해 영양을 섭취하고 있다. 코 부분이 가려운지 무심결에 오른손으로 그 줄을 자꾸 빼 버리는 바람에 손까지 묶이었다. 비록 누워만 있고 관 삽입으로 인해 목소리도 잃은 어머니지만 말도 못 하고 밥도 못 먹으니 어서 죽어야 한다는 옆 할머니 말은 듣기 거북하다.

직원 한 사람이 복도를 지나가자 "대법천황 하늘님아, 저런 것들 모가지 끊어지게 해 줍서."라며 대뜸 입에 담지 못할 욕을 한다. 섬뜩하다. 직원이 들어오며 "예, 할머니. 여기 3층 직원들은 다 지옥 갈 거우다. 매일 저러니 신경 쓰지 맙서." 하며 놀라는 나를 안심시킨다.

안면이 있는 할머니였다. 어디서 봤을까 곰곰이 생각해 보았다. 시장 한 귀퉁이에서 푸콩이며 상추 따위를 팔던 분이었다. 손해 보고 판다며 깎아주지 못한다고 손사래 치던 깍쟁이 할머니가 어찌 저렇게 되어 버렸을까.

'대법천황 하늘님'이라는 말은 옛날 동네 무당이 자주 쓰던 단어이다. 나이 많은 할머니 무당이었는데 우리 집과 가까운데 살았다. 왜 그랬는지 모르지만, 남자아이들은 그 무당이 길을 지나가면 "귀신 붙은 할망아, 우리 동네를 떠나라." 하면서 돌멩이를 던졌다. 날아오는 돌을 피하면서 집으로 뛰어가다가 뒤를 홱 돌아보고는 큰소리로 주문을 외웠다. "아이고오, 대법천황 하늘님아, 저놈들 모가지 끊어지게 해 줍서."

무당은 두 손을 모으고 하늘을 향해 머리를 연신 조아리다 당신의 오막살이 집으로 사라졌다. 볼품도 없고 산발한 허연 머리를 너풀거리며 짚신을 신고 다니던 무당이다. 그녀가 죽었을 때 동네 사람들은 십시일반 돈을 모아 장례를 치러 주었다.

주인 없는 초가집은 썩어 내려 귀퉁이 한쪽이 푹 꺼졌고 마당엔 잡초가 우묵장성으로 자랐다. 멱 감고 돌아오는 길에 지나치는 여름날의 그 집은 마음 한구석에 애잔함과 쓸쓸함을 동시에 안겨줬다.

오늘 다시 어머니를 뵈러 갔다. 옆 할머니는 여전히 딸인지 며느리인지 궁금해했다. 자신은 찾아오는 자식들이 없기 때문에 무시당한다고 한다. 말을 해도 대답을 해 주는 이가 없다며 앉은 채로 엉덩이를 밀며 내가 있는 쪽으로 이동해 왔다.

어머니의 매무새를 정리해 드리는데 딸을 알아보느냐고 물어왔다. 그렇다고 했더니 몇 번째 딸이냐고 묻는다. 대화가 무척 고픈 할머니였다. 어머니가 어디서 살았는지 자식은 몇인지 물어보는 게 끝이 없다. 얼마나 외로우면 그러실까 싶어 대답을 해드렸다. 어머니께 인사하고 나오는데 뒤에서 할머니 하시는 말씀이 걸음을 멈추게 했다.

"경헌디(그런데), 아까 근 말 난 하나도 못 알아 들읍니께, 귀 막아부난."

"예?"

놀라는 내게 할머니는 허탈한 웃음으로 답한다. 일방적으로 물어보기만 했을 뿐, 대답은 하나도 들리지 않았다는 것이다. 충실히 인생을 꾸려왔을 텐데 마지막은 이런 모습이라니 너무 기막히다.

몇 년 전 푸드뱅크 자원봉사를 할 때 한 할머니의 집을 방문한 적이 있다. 거동을 못 하고 누워 있는 할머니 머리맡에 초라한 점심상이 놓여 있었다. 손자가 출근하며 차린 것이라 했다. 상에 덮인 보자기를 열어보다 깜짝 놀랐다. 쥐 두 마리가 음식을 훔쳐 먹고 있었다. 할머니 발꿈치 쪽에서도 한 마리가 후다닥 도망친다. '만약 음식이 없었다면 할머니 발가락을 물어뜯지 않았을까.' 하는 생각이 들자 온몸에 소름이 돋았다.

만물의 영장이라는 인간이 늙으면 왜 이렇게 구차해질까. 인간이란 참으로 오묘하다. 천하에 제일가는 미인도 때가 되면 늙어 무덤에 들어가야 하고 세상을 호령하던 영웅호걸도 나이 들면 종이호랑이가 되어

버리니 말이다.

품위를 지키며 늙어가는 것은 정녕 어려운 것일까. 늙을수록 지혜로워지고 쓸모 있는 사람으로 사는 것은 나 같은 범인에겐 영영 요원한 일일까.

삶의 본보기로 삼은 분들이 몇 있다. 풀리지 않는 문제 앞에 섰을 때 그분이라면 이 일을 어떻게 바라보았을까 생각하며 답을 찾는다. 쌓아놓은 공과 덕이 없어 나의 얕은 밑바닥이 고스란히 드러나 절망하기도 한다. 하지만 세월을 죽이며 사는 게 아니라 사랑으로 채우며 살다 보면 인생 마지막 순간에 흐뭇한 미소를 지으며 먼 길 떠날 수 있지 않을까.

그날에 그들의 대법천황 하늘님이시여, 마주 오소서.

part 2

간 곳이 어디멘지

이 넓은 빌레가 멜(멸치)로 뒤덮였다. 사람들은 바닷물로 즉석에서 멸치를 삶아 말렸다. 벙겅망에서 해녀들은 지들임을 하며 '용왕맞이'를 했다. 저기 멀리에 싸락눈을 맞으며 서 있던 무당이 보이는 듯하다.

간 곳이 어디멘지

무심히 지나친 것, 이젠 볼 수 없게 된 것에 마음이 쓰인다. 세상을 떠난 조부모님부터 부모님까지 곁을 떠난 분이 많다. 청동화로나 부젓가락, 젓갈을 담기 위한 작은 항아리도 쓸모가 없어진 지 오래다. 투박하지만 소담스러운 옛사발들을 본다. 시계를 거꾸로 돌려 본다. 그때가 선명하게 생각난다.

어릴 때의 어느 날, 외할아버지께서 돌아가셨다. 달구지의 쇠 바퀴가 움직였다. 확실히 움찔하는 것을 예리하게 느꼈다. 흙 묻은 바퀴가 움직인 것 같은 순간, 방 안에서 곡소리가 터져 나왔다. 할아버지는 드디어 우리를 떠나시는가.

임종 직전, 어머니를 비롯한 이모와 외삼촌들은 할아버지 옆에 무릎을 꿇고 앉아 눈물을 흘리고 있었다. 방은 가까운 친척들로 가득 찼다. 어린 우리는 마루에 우중우중 서 있었다. 방에 앉은 어른 한 분이 말씀하셨다. "아이들은 다 나가라, 어서." 그 음성에서 곧 고인이 되실 할아버지를 평안하게 해 드리려고 한다는 것을 느꼈다. 더불어 저승사자가 오고 가는 길목에 아이들을 보호하려는 마음도 담겼다. 호통을 치는 것도 같고 약간의 화를 내는 것 같은 그 어조는 곧 무슨 일이 일어날 것을 예고하는 것 같았다.

어머니는 우리가 서 있는 쪽으로 고개를 돌리셨다. 눈빛으로 많은 말씀을 하셨고 우리는 알아들었다. 굵은 눈물방울이 뚝뚝 떨어졌다. 고무신을 끌며 할아버지의 오랜 벗이었던 달구지에 가 앉았다.

'간잘미'라고 부르는 잘 익은 개똥참외를 지게에 얹고 오셔서 우리를 즐겁게 해 주신 분이셨다. 해가 져가는 흙 마당에서 나눗셈해 가며 우리 형제가 나누어 갖는 걸 흐뭇하게 지켜보셨다.

"보리수가 익으면 가지째 꺾어다 주마." 하시던 우리 할아버지다. 당신의 막내딸인 어머니가 만든 빙떡과 우무묵을 무척이나 좋아하셨다. 부엌에 드는 것도 주저하지 않던 분이다.

할아버지 댁은 ㄷ자 집이다. 안채와 바깥채, 부엌이 있고 외양간도 있었다. 바닷바람과 파도를 막기 위해 두 겹의 돌담을 높게 둘렀다. 부엌 너머에는 넓은 갯바위가 펼쳐진 바닷가다.

대여섯 살 때인 것 같다. 할아버지 댁 바깥채에 살던 우리 가족은 새집으로 이사했다. 언니와 함께 바닷가 울퉁불퉁한 바위를 걸어서 집에 도착했다. 그것도 물이 그득하게 들어찬 밀물 때 건너갔다. 복을 비는 마음으로 어른들이 그렇게 시켰던 것 같다.

보릿짚에 찰흙을 짓이겨 돌과 돌 사이를 바르던 아버지가 기억난다. 돌담으로 울을 둘렀고 마당과 텃밭, 외양간도 갖추었다. 우리 집과는 멀지 않은 거리여서 자주 할아버지 댁을 드나들었다.

어느 날, 할아버지는 혼자 우럭조림을 하고 계셨다. 저물녘이었다. 그때의 난 갈매기 숟가락을 갖고 싶은 열망으로 가득했다. 하지만 그걸 달라는 말은 하지 않았다. 그것은 다른 숟가락과 모양이 달랐다. 커서 보니 양식 요리를 먹을 때 수프를 떠먹는 미제 스푼이었다. 우리들은 모양이 특이한 그것으로 먹고 싶어 했다. 제사가 끝나고 밥을 먹을 때면 서로 차지하려고 소리 없는 전쟁을 벌였다.

할아버지는 그날 많은 것을 가르쳐 주셨다. 우럭조림 할 때는 콩자반을 넣어야 맛있다고 하시며 솥뚜껑을 열어 보여 주셨다. 삭정이를 뚝뚝 분질러 아궁이에 넣으며 "불을 땔 때는 어질 현賢 자로 해야 한다. 나무를 서로 어긋나게 놔야 해. 그래야 아궁이에 공기가 들어가서 불이 잘 일어."라고 하셨다.

한자를 모르는 나를 위해 직접 부엌 흙바닥에 써 주셨다. 글자는 부지깽이 앞부분의 불탄 부분으로 썼기 때문에 선명하게 보였지만 금방 잊어버렸다. 또 내 또래 여자아이를 '소녀'라고 부른다며 '少女'라 쓰시고는 읽어 보라고 하셨다. 그날, 친구란 나이를 불문하지 않는 거라는 걸 배웠다.

할아버지가 병석에 들고 나서는 늘 다리가 아프다고 하셨다. 어머니가 이웃집 할아버지도 돌아가시기 전에 그랬다고 했다. 그때부터 돌아가실 때까지 자주 종아리를 주물러 드렸다.

어렸기 때문에 손에 힘이 없었다. 주무르다 어깨가 아프면 손으로

눌렀다. 점점 살가죽만 남은 다리는 앙상해져 갔다. 어머니께선 나에게 음식도 보내고 찾아뵙기도 했다. 하지만 할아버지는 어머니를 자주 보고 싶어 했다.

"네 엄마는 이 앞을 거쳐야 밭에 갈 텐데 날 보고 가지."

"새벽부터 밭에 가느라 못 들렀을 거예요."

"잘 전했느냐. 내가 보고 싶어 한다고." 이 말씀을 하시고는 슬픈 듯 고개를 돌리셨다.

얼마 지나자 얼굴은 더 야위고 다리는 뼈만 남았다. 배 갑판에서 두 다리를 굳건히 버틴 채, 뱃사람을 향해 호령하던 모습은 찾아볼 수 없었다. '논갱이 와당'이라 불리는 넓은 바다 밭의 주인이었던 할아버지는 서서히 생의 마침표를 향해서 가는 중이었다.

젊을 때의 할아버지 모습은 여러 장 기억에 남아있다. 큰 고리짝 여러 개에 생선을 가득 채우고는 활짝 웃으신다. 아낙이나 조무래기들이 배 옆에 떨어진 생선을 줍지 못하게 하는 선원을 향해 눈을 끔쩍이며 그냥 두라고 손을 저으신다. 주운 생선으로 몇 꿰미를 든 소년의 모습을 보시고는 "호오! 고놈 자식." 하시며 대견해하셨다. 흑백사진처럼 낡았지만 선명한 모습으로 가슴에 남아있다.

얼마 전에 할아버지의 유품 한 점을 얻었다. 외삼촌께서 선뜻 내주셨다. 두 뼘 길이의 아래로 내려갈수록 좁아지는 원뿔형의 항아리로 '오가리'라고 부른다. 큰 무화과나무가 있던 뒤뜰에는 수백 개의 오가리가 오래도록 쌓여 있었다. 외지인에게 집을 빌려주어 관리하지 못한 탓에 서너 개만 남은 것이다.

멸치젓갈이 담겼던 키 작은 오가리를 할아버지인 듯 보고 있다. 물을 가득 채워 놓으니 보기가 좋다. 직접 담근 젓갈을 산간 마을에서 나는 곡식과 물물교환 했던 항아리다.

사람이 죽으면 아무것도 남지 않는가. 생전의 사유는 연기처럼 사라져버리는 걸까. 담배 한 개비라도 아끼며 살기 위해 고군분투했던 한 인간의 역사는 가뭇없이 사라지고 마는 것인가. 바닷바람을 막으려고 겹담을 쌓으며 희망에 찼을 젊을 때의 할아버지의 초상은 영영 없어져 버리는 것인가. '소녀'라는 단어와 '어질 현'이라는 글자로 기억되는 할아버지는 제삿날 하루 바람으로 왔다 가는지도 모르겠다.

젊은 시절, 먼 일본이나 청진까지 해녀들을 태우고 종횡무진 바다를 누비던 모습은 그분을 기억하는 사람의 잔상으로만 존재한다. 당신께서 남기신 자손들 자체가 역사이다. 친손이든 외손이든 그것은 인간이 가른 것이니 의미 없다.

가열찬 인생을 살다 가신 존경하는 외할아버지께 고개를 숙인다.

만추에 보는 달

쓸쓸하다. 대봉감을 풍성하게 매달았던 정원의 감나무가 잎을 모두 버렸다. 겨울 준비를 하느라 그랬겠지만 보호해야 할 감이 없어서 그런가 보다 생각하며 낙엽을 줍는다. 감나무엔 어른 주먹만 한 큰 감이 열렸다. 하지만 주황색으로 익는 도중에 떨어져 버려 나중엔 한 알도 남지 않는다. 이 대목에서 큰 숨 한번 쉬어야겠다. 주렁주렁 열린 감을 맛 한번 보지 못하고 떨어지는 족족 나무 밑에다 버려야 했으니 말이다.

올해는 대풍이다. 큰 태풍도 없었거니와 익을 때까지 떨어지지 않아 여러 집과 나눴다. 수확의 기쁨을 당당히 누렸다. 묵직한 감을 전지가위로 조심스럽게 딸 때는 노래가 절로 났다. 바구니가 금방 가득 찼다. 당도는 말할 것도 없고 크기 또한 최상품이다. 유자도 몇 바구니를 땄다. 유자 향이 며칠간 집안에 은은하게 퍼질 것이다. 올해는 어떻게 떨어지지 않고 결실을 보았을까. 이유를 알고 보니 봄에 남편이 퇴비를 주었다는 것이다. 전에는 영양이 부족하여 익기도 전에 다 떨어졌던 모양이다.

가을은 수확하는 것도 좋지만 달 보는 재미도 좋다. 여름 내내 달을 찬미하며 보냈기에 달님이 과일을 선물로 준 게 아닐까 하는 생각도 들었다. 감나무는 가지에 달을 달아매어 놓기를 좋아했다. 여름날 저녁은 낮보다 서늘해진 정원을 거닐기에 좋다. 감나무가 초승달을 안고 있는 날은 그것을 오래 바라보았다. 조물주가 모든 사람을 보살피기 힘들어 엄마를 보냈다는 말이 생각났다. 해님이 낮을 비춰주면 밤엔 달님을 보내어 사람들을 보살피려 했을까.

창을 열고 잠자리에 든다. 바람에 흔들리는 나뭇잎이 방에 그림자를 드리운다. 그러면 벽 한쪽은 열어 놓은 창문 크기만큼의 족자가 된다. 사위는 조용하다. 그림의 흔들거리는 나뭇잎을 보다 나도 모르게 잠이 든다. 달빛은 창가에 어리고 밤공기를 머금은 나무들은 고개를 숙인다.

올여름은 날마다 저녁 식사 후에 집 근처 학교 운동장을 걸었다. 조용하면서도 고즈넉한 분위기가 마음을 차분하게 가라앉혀 주었다. 그때 달이 태어나고 자라서 새로운 달을 낳는 모습을 보았다. 날마다 조금씩 변해 가는 달을 보는 재미에 푹 빠졌다. 달은 조물주가 만든 생명이 깃든 피조물인 것을 예전엔 미처 몰랐다.

탐스럽고 아름다운 만월滿月은 만인의 연인이다. 보기만 하여도 즐겁고 흐뭇한 모습이 어느 곳 하나 모난 데가 없다. 세상의 지식을 구하지도 않는 달은 은은하게 빛나는 매력이 있다. 그리하여 일손이 부족한 가난한 과부와 그의 어린 아들이 해가 질 때까지 못다 한 들일을 끝낼 수 있도록 자상하게 비춰준다.

만추에 보는 달은 더 높이 외롭고 가난하게, 또는 홀로 고상하게 떠 있다. 무엇을 생각하며 떠 있는 걸까. 많은 사람의 소원을 들어주려면 생각할 시간도 필요할 것이다. 정월 대보름날 받은 소원만 해도 태산 같으니 구름 갓을 쓰고 숙고할 만도 하다.

달은 어머니다. 눈을 뜨라 한다. 보지 못하는 걸 바라보라 한다. 빛 말고는 어떤 것도 어둠을 밝힐 수 없다. 친히 빛을 보여주며 따라나서라 한다. 그래서 사람들은 달빛을 보면 순해지며 마음이 겸손해지는 것인가.

어린 날, 부모님이 밭에서 늦어지는 날이면 부엌에서 기다리다 마당으로 나가 기다렸다. 그래도 안 오시면 큰길까지 나갔다. 그동안 달은 내 마음을 아는지 더 환하게 비추어 주었다. 혼자가 아니니 걱정하지 말라는 듯 내 발의 등불이 되어 주었다. 큰길까지 나와도 우리 말이 끄는 달구지 소리는 들리지 않는다. 컴컴한 집을 생각하면 돌아가고 싶은 마음도 사라진다. 부모님이 오는 들길을 가보는 수밖에 없다.

우리 집엔 밤색 말 한 마리가 있었다. 외양간에 있다가 사람이 지나가면 '푸르르' 하는 소리를 냈다. 먹을 것을 달라는 소리다. 농사철에 매일 밭갈이하는 것을 보면 어린 나조차 말이 불쌍했다. 어머니께선 어쩌다 말로 태어났느냐며 말 잔등을 쓸어주셨다.

무서움과 맞서며 걷다가 저기 먼 데서 들리는 달구지 소리를 듣고 한달음에 달려간다. 말발굽 소리만으로도 우리 말인지 알 수 있다. 아버지가 나를 번쩍 들어서 어머니께 안겨 준다. 늦은 저녁을 먹는 내내 달은 마당을 비춰주었다. 하지만 제사 퇴물을 먹는 측신이 산다는 변소 쪽은 달빛을 나눠 주지 않았다.

들판에 매어 둔 말이 없어지면 아버지는 달빛에 의지해 말을 찾아 헤매셨다. 밤도 깊고 몸은 곤한데 말을 찾지 못하면 주변의 아늑한 묘를 찾아 한쪽에서 잠을 청했다고 한다.

"젊은이, 어서 일어나 길을 떠나게." 하는 소리에 잠에서 깨 보니 먼동이 트고 있더란다. 그날, 말을 찾았다. 그것은 분명 묘 주인의 소리였을 것이라고 했다. 들에서 밤을 지내야 할 때면 무덤에서 자라고 한다. 무서울 것 같지만 오히려 보호를 받는다는 것이다.

올여름 달을 보며 지내는 날들 속에 한 가지 생각이 들었다. 그때 아버지를 흔들어 깨운 것은 달님이 아니었을까. 어머니의 공손한 이마와 비손을 보고 기원을 들어주신 것이리라. 어머니께선 우리가 자라서 성인이 되었어도 부엌에 불을 밝히시고 정화수를 떠 놓으셨다.

나이가 들면서 달이 더 친근하게 느껴진다. 달빛을 받은 해수욕장의 모래더미와 바윗돌까지 정겹다. 조물주가 만들어 놓은 피조물은 온전하고 완벽하다. 그것들은 제 자리에 놓여 있다. 인간은 이를 누리면 되는 것이다. 순수하고 아름다운 자연과 함께 사는 삶이 그것이다. 밤이 되면 발을 비춰주는 달과 함께 걷고 나무에 달린 과실을 이웃과 나누면서 말이다.

그렇게 살면서 나도 자연의 일부가 되고 싶다.

새우가 그려진 백자사발

무겁다. 정말 무겁다. 유약을 잘 발라서 그런지 그림도 선명하다. "나, 일본산이야." 하면서 새우 한 마리가 탁 튀어 오를 태세다. 그릇의 바깥 부분까지 침범한 긴 수염은 일본의 야욕을 대변하는 것 같다. 대나무 잎이 몇 개 그려져 있어 누가 봐도 일본 냄새를 맡을 수 있다. 일제강점기 때 어느 일본 순사가 썼다는 우동 그릇이다.

결혼 전, 오래된 그릇을 수집하는 즐거움을 누린 적이 있다. 우리 집에 마실 오신 어느 아주머니가 한 말 때문에 시작된 취미다. 살림살이를 스테인리스 그릇으로 바꾸면서 손수레에 항아리며 사기그릇들을 바닷가에 싣고 가 깨서 버리느라 혼났다는 것이다. 시아버지가 쓰던 요강이며 무거운 사기그릇들, 부엌에서 제상 있는 곳까지 갱을 퍼 날랐던 큼지막한 탕기들을 다 버렸단다. 옛날 그릇들은 그런 대접을 받을 때여서 오래되고 무거운 사기그릇은 귀하게 쳐 주지 않았다. 심상하게 들은 얘기인데도 자꾸 마음이 쓰였다. 화사한 꽃무늬가 있는 플라스틱 식기들이 나오면서 그런 일은 점점 더해 갔다. 그래서 한 가지씩이라도 모아 두어야겠다는 생각이 들었다.

놋으로 된 제기祭器들을 바꾸지 않고 고집스레 갖고 있는 집들이 더러 있었다. 그런 집에는 귀한 사기그릇도 가지고 있다. 버릴 거면 달라는 말에 기꺼이 내주셨다. 사기 대접을 여러 개 준 어른도 있다. 밥사발은 어찌나 큰지 "저는 이 사발로 먹으면 삼백 년 동안 먹겠는데요." 하며 너스레를 떨었다.

어느 날 무거운 백자사발을 만났다. 이웃집 할머니더러 "오래된 사기그릇 있으면 하나 주세요." 했더니 따라오라 한다.

"왜정시대 때 내가 일본 순사들 밥해 준 적이 있는데, 이것이 순사부장이라는 사람의 우동 그릇이다. 다른 것 더 줄까?"

"아니에요, 할머니. 이거 하나면 충분해요."

"말도 마라. 한겨울에 그릇 씻으려면 손이 곱고, 난 이 그릇만 보면 토악질이 난다."

"그런데 왜 아직까지 간직하고 계신 거예요."

"…."

할머니는 말을 멈췄다. 소중히 받아들었다. 햇빛에 비춰 보니 안쪽 가운데 부분이 조금 마모되어 있다. 오랜 시간 젓가락질에 유약이 벗겨진 것이다. 이 그릇 하나에 얼마나 많은 사연이 배어있을까. 잘못하여 깨지면 많은 이야기가 날아가 버릴 것 같다. 명암을 넣어 그린 새우를 가만히 보고 있노라니 소녀 둘이 이야기하는 소리가 들린다.

"넌 나만 보면 산 넘어간 부애가 쫓아 오냐. 왜 그렇게 화를 내는 거야."

"내가 할 수 없는 것을 자꾸 부탁하니까 그렇지. 난 순사들 밥해 주는 부엌데기에 지나지 않아."

"그래도 친한 순사가 있을 것 아냐, 응? 우리 오빠 어떻게 하고 있는지 좀 알아봐 줘. 면회도 안 돼. 긴코야, 제발."

"긴코라는 이름 부르지 마. 순사가 일본도를 철렁거리며 지서로 들어올 때처럼 그 이름 들을 때마다 가슴이 내려앉아. 우리 할아버지가 바다처럼 넓은 마음을 가지라고 해심海心이라는 좋은 이름을 지어 줬는데, 긴코가 뭐냐."

"순사부장이 자는 방에 고운 금고가 있다며? 그 금고처럼 네가 고와서 긴코라고 부르는 거잖아. 네가 더 크면 너희 집 문전의 개가 목이 쉴 거다. 그나저나 우리 오빠에 대해서 좀 알아봐 줘. 저 지서 안에서 무슨 일이 벌어지고 있는지."

"사실, 며칠 전에 살짝 엿들었는데 너희 오빠 머리가 좋아서 이런 일이 벌어졌다고 순사들이 머리만 때린대. '이 머리 때문에, 이 머리 때문에.' 하면서 말이야."

"아이고, 어쩌면 좋아. 우리 오빠 죽게 생겼네. 우리 어머니 일본까지 가서 넝마 주워 아들 학비 댔는데, 이게 무슨 꼴이냐. 일본대학을 뭐하러 시켰던고."

"복순아, 너 이리 와 봐."

"왜, 뭔 방도가 있어?"

"다른 사람들 하는 거 보니까 돈 싸 들고 와서 순사부장 만나는 거 같더라. 내가 얘기했다고 하지 말고 어른들하고 조용히 의논해 봐."

"그래? 알았어. 고마워."

창고를 정리하다 옛날 모았던 그릇들과 마주했다. 작은 접시와 투박한 사기그릇에 손이 갔다. 삶아서 소독하고 음식을 담으니 오랫동안 함께 살아온 식구 같다. 하지만 이 일본 순사의 백자 사발은 한 번도 쓰지 않았다. 아니, 쓰고 싶지 않다. 그릇이 무슨 죄가 있으랴만, 거기에 한숨과 눈물이 숨어 있어서다. 이것만 보면 토악질이 났다는 말에 나 또한 정감 어린 눈으로 볼 수 없다.

제국주의 일본 남자의 털이 숭숭 난 나체와 고추냉이가 묻은 그의 콧수염을 보는 것 같다. 고문을 지시하는 비열한 눈짓, 금고를 바라보는 교활한 웃음 뒤의 덫니, 인간애를 벗어버린 심장 소리가 들리는 듯하다. 나도 할머니처럼 창고 한구석에 넣어 둔다.

어떤 물건인들 이야기를 품지 않은 게 있을까. 백 년을 견딘 그릇들이 대견하게 느껴진다. 김이 폴폴 나는 문어죽이 담긴 대접이 떠오른다. 오랜 병에 지친 노인에게 먹음직스러운 붉은색 죽이 입맛을 돋게 할 것이다. 밥 위에 밥을 올려 고봉으로 뜬 보리밥을 담은 사발도 보인다. 이 밥을 먹지 못하면 어떤 이는 배고픔을 이기지 못하고 쓰러질 것이다.

한 끼의 소중함, 그 한 끼를 못 먹었던 이야기가 그릇에 담겨있다. 그래서 그것들을 볼 때마다 애잔한 마음이 되는 것이다.

긴 수염을 뽐내며 눈알이 톡 튀어나온 새우, 그릇 안쪽도 부족해 바깥쪽까지 점령한 거만한 새우는 모르는 비애가 거기 담겨있다.

천당은 누가 가는가

전복을 양푼 한가득 떼어냈다. 수족관 안에서는 움직이지도 않던 것들이 물 밖에 나오면 몸 붙일 곳을 찾아 활발하게 움직인다. 본능적으로 살 곳을 찾아 움직이는 모습에서 생명이라는 단어가 떠오른다. 한편으로는 싱싱하고 맛있는 해산물이라는 상반된 생각 때문에 가끔 아이러니를 느끼기도 한다. 전복요리전문점을 경영하면서 전복을 쓰지 않을 수 없다. 도축장에서 일하는 직업을 가진 이들은 어떨까 생각해 본다.

우리 전복 요릿집에는 일한 지 이십 년이 넘는 불교 신자인 주방장이 있다. 그녀가 전복을 껍데기에서 떼어내는 작업을 하다가 자신은 천당에 가지 못할 것이라며 갑자기 비감한 표정을 지었다. 깜짝 놀라며 왜 그렇게 생각하느냐고 물었다. 자신은 하루에도 수백 개의 전복을 잡고 있다고, 그렇게 많은 생명을 없앴는데 어떻게 천당에 갈 수 있겠느냐는 것이다.

어머니 생각이 났다. 해녀로서 평생 많은 문어와 물고기를 잡았으니 당신은 천당에 못 갈 것 같다고 자주 말씀하셨기 때문이다. 삶 속에서 덕을 베풀어야 한다며 평생 많은 것을 나누며 사셨다. 그래도 안 된다면 옥황상제에게 아이들 먹여 살리려니 어쩔 수 없었다고 하소연하겠다고 하셨다.

어머니는 물질을 하셨다. 내가 어렸을 때는 바다가 일종의 공동어장이었다. 미역을 채취하는 날이 되면 동네 사람들은 바다로 나갔다. 양복을 입고 나타난 잘생긴 수협 직원은 어린 눈에도 해녀들의 선망 어린 눈길을 의식하고 있는 것처럼 보였다. 해녀들은 마치 전투태세를 갖춘 병사들처럼 물가에 빼곡히 서 있다가 수협 직원의 호각 소리와 동시에 입수했다. 그것은 마치 물개들이 바다로 빨려 들어가는 것 같았다. 어렸을 때 본 그 모습은 정말 장관이었다.

남녀노소 할 것 없이 많은 사람이 바닷가에 나왔는데 조금 있으면 채취한 미역 마중을 하러 가야 한다. 그다음은 바닷가 넓적한 바위에서 모양을 잡아 말린다. 미역양식을 하지 않던 시절이라 며칠간 채취해 말린 미역은 큰 수입원이 되었다.

물에서 나오면 불을 쬘 보릿짚을 큰 바위 옆에 갖다 놓고 앉는다. '아, 우리 어머니 테왁이 저기 보이는구나. 저렇게 먼 곳까지 가네. 깊은 바다에 인어가 있을까.' 하며 눈은 어머니를 좇는다.

어머니가 바닷속에서 너무 오랫동안 나오지 않는다고 생각하는 순간, 머리가 쑥 나오며 "호오이." 하고 가쁜 숨을 몰아쉬는 숨비소리에 걱정은 날아간다.

동네 사람 중에서도 우리 어머니가 가장 으뜸가는 해녀였다. 채취한 해산물을 넣는 도구인 테왁 망사리가 가득하다 못해 항상 갖고 다니던 몇 미터가 되는 긴 줄에도 수십 마리의 문어가 가득 꿰어져 있었다.

만선의 기쁨을 안고 항구로 들어서는 선장처럼 망사리를 가득 채운 자신감 넘치는 얼굴이 지금도 눈에 선하다. 어머니께선 동네 해녀들과 불을 쬐면서 큰 소라를 골라 구워 주셨다. 그 맛은 지금껏 어디서도 찾을 수 없다. 연기 냄새가 배어있는 게 짭조름하면서도 쫄깃한 맛이 일품이었다.

우리 집은 삼거리에 있다. 마당에 텃밭을 가꾸었는데 상추와 깻잎 등속을 동네 사람들이 마음껏 뜯어가도록 항상 넉넉하게 씨를 뿌렸다. 그런데 정작 우리가 필요할 때는 남들이 다 뜯어가고 대만 남는 때도 많아 나도 모르게 투덜거린다. 그러면 어머니께선 그렇게라도 덕을 베풀어야지, 무슨 수로 이승의 죄를 다 닦을 거냐고 하셨다.

대문이 없는 우리 집은 동네 사랑방이었다. 항상 퍼 주는 어머니 덕분에 우리는 더 많은 걸 얻을 수 있었다. 놀러 오시는 분들이 자주 음식을 들고 왔고, 그 대가로 다른 것을 들려 보냈다. 겨울에는 놀러 오신 분들에게 점심을 대접하기 때문에 메밀국수나 호박범벅 만드는 일을 자주 도와드렸다.

일전에 큰마음 먹고 비싼 음식을 어머니께 갖다 드렸다. 나중에 알고 보니 그것을 동네 할머니들에게 다 나눠 줘 버린 게 아닌가. 나도 잘 먹어보지 못하는 귀한 음식인데 그렇게 함부로 줘 버리셨냐며 화를 냈다. 그때 어머니는 그렇게 귀한 거라서 나눠 준 거라고, 그렇게 해서라도 천당에 가고 싶다고 하셨다. 순간, 못난 내가 너무 부끄러웠다.

가만히 생각해 본다. 과연 천당에 간다면 어떤 사람이 갈까?

선을 넘는다는 것

어쩌면 그럴 수도

차에 두고 온 것 같다. 멀리 세웠는데 뜨거운 태양과 대적하며 양산 가지러 갈 자신이 없다. 하는 수 없이 우산을 펴들었다. 살 하나가 부러져 있다.

장마가 끝난 여름 날씨는 햇살을 가리지 않으면 살갗이 뜨거울 지경이다. 우산으로 해를 가리고 은행에 다녀왔다. 버스 정류장에는 많은 사람이 서 있었다. 어떤 아주머니가 자신의 양산을 만지작거리며 나의 체크무늬 우산을 쳐다보았지만 개의치 않았다. 내 안의 껍데기 같은 게 벗겨지는 걸 느꼈다.

은행의 객장에서 우산을 접노라니 앳되게 보이는 은행원 하나가 유심히 쳐다본다. “그걸 쓰고 온 거예요, 지금?”이라는 말을 삼키는 중인 걸 안다. 오래전 나도 그런 적이 있으니까.

결혼 전, 직장을 다닐 때였다. 어떤 분이 미용실 수건으로 머리를 감싼 채 예금을 찾으러 왔다. 파마약 냄새도 그렇지만 그런 차림으로 돌아다니는 게 볼썽사납다고 느꼈다. 하지만 지금은 안다. 그런 마음이 드는 것은 겉멋에 신경 쓰기 때문이라는 것을. 전 같으면 남들은 양산 쓰는데 혼자 우산을 드는 일은 좀처럼 하지 않았을 것이다.

이 정도의 선은 넘어도 되지 않을까.

그는 알몸이었다

아이들이 한곳으로 몰려갔다. 나도 그를 보고 있었다. 그는 동네에 살았는데 외지에서 온 의사라고 했다. 알몸으로 갯가를 걷기도 하고 헤엄도 치면서, 동쪽에서 서쪽으로 이동하는 중이었다. 우리가 멱 감고 노는 곳과는 좀 떨어진 곳이다. 그래서 그의 벗은 몸이 낱낱이 보이지는 않았다. 누군가 나타나서 꾸짖어 주기를 바랐지만, 한여름 대낮이라 어른이라고는 낚시꾼 한 사람 없었다.

남자의 벗은 몸에 호기심이 생긴 것은 아니었다. 다만, 어른이 알몸으로 다닌다는 것 자체가 충격이었다. 그는 우리가 담벼락에 쪼그리고 앉아 자신을 보고 있다는 것을 알고 있다. 여남은 아이들 눈이 주시하고 있었으니 말이다. 오랜 물놀이에 퍼런 입술을 한 채, 어금니를 떨며 앉아 그 사람 구경을 했다.

그럼에도 불구하고 그의 행동은 자유로웠다. 소리를 잡는 모양으로 허리를 굽히기도 했다. 그런 채로 오래도록 갯가를 돌아다녔다. 며칠 후, 길에서 마주친 그의 미끈한 이마에서 징그러움을 느꼈다. 혀뿌리에서부터 신물이 돌았다.

여름이 되면 가끔 그때의 일이 생각난다. 그는 옷이 거추장스러운 영혼의 소유자였을까. 아기가 조금 자라면 기저귀를 차지 않으려고 발버둥친다. 인간은 아무것도 걸치지 않았을 때 해방감을 느낀다.

과감하게 선을 넘은 그는 행복했을까.

그들은 서로의 뺨을 어루만지고 있었다

닥낭밭 가는 길은 영 즐겁지 않았다. 여름 방학이면 콩밭이나 조밭을 매는 어머니께 밥을 갖다 드려야 했다. 조금이라도 서늘할 때 일을 하려고 아침 일찍 밭에 나가시기 때문이다.

마을을 벗어나면 곧 다다르게 되는 곳에 절이 있다. 그 옆의 길가엔 몇 개의 비석이 있고 주변은 가시덤불이다. 그중에서도 한곳의 비석은 아주 컸다. 관리를 잘하는지 여름이면 배롱나무에 꽃이 피었다.

아름드리 소나무가 둘러싸고 있는 울담 높은 절 인근은 어두침침했다. 귀신이 나옴 직한 곳으로 공기조차 싸늘하다. 그곳을 지날 때가 가장 무섭다고 하면 어머니께선 오히려 절이 있어 신성한 곳이며 잡귀도 물러난다고 했다. 그 말씀을 떠올리며 무서움을 이겨 보려 해도 그 부근만 가면 심장이 오그라들었다.

거기서 조금만 더 가면 상여를 보관해 놓은 조그만 초가집이 있다. 산 넘어 산이다. 그 집이 풍기는 음산한 기운은 강력하다. 햇볕이 쨍쨍 내리쬐는 말짱한 대낮에도 무서운 건 마찬가지다.

문을 열어 보면 얼마 전에 상여를 썼던 죽은 동네 할머니가 옷을 벗어 태연하게 이를 잡고 있을 것 같다. 되도록 길 반대편 가장자리로 걸어간다. 그래도 무슨 소리가 들리는 것 같고, 곧 내 이름을 부르며 누가 쫓아 올 것만 같았다.

한여름엔 웬 풀이 그리 빨리 자라는지 몇 번 갔던 밭인데도 다른 길에 들어섰다. 다시 돌아 나와 우리 밭 쪽으로 가려는데 큰 비석 있는 곳에서 어떤 움직임이 있는 걸 보았다.

젊은 남녀가 서로의 뺨을 어루만지고 있었다. 그러고 나서 상대의 얼굴을 하염없이 바라보는 것이었다. 남자가 여자의 눈가를 훔쳐 주었다. 울고 있는 것 같았다. 그가 몸을 낮추더니 그녀와 오래 눈을 맞추었다.

'흠, 서로 좋아하는 사이인가 봐. 여기도 그렇고 저 상여막에서도 귀신이 나오는 곳인데 하필 왜 이런 곳에서 저러고 있지.' 생각하며 발을 돌렸다. 그곳의 어둡고 침침한 기운이 거대한 입술로 그들을 빨아들일 것 같은 예감에 자꾸 뒤를 돌아보았다. 그래서인지 밭에 도착해서도 어머니께 그 사람들 얘기를 할 수 없었다.

그들은 다음날 시신으로 발견되었다. 집안의 반대로 결혼을 못 하게 되었다는 게 이유라고 했다. 잘 차려입은 부모들이 서울에서 내려와 애통해했다는 소문은 거짓이 아니리라. 두 사람 중 누군가 부모의 뜻이 아닌 자신의 길을 가겠다는 결심을 했다면 그런 비극은 없었을 것이다.

그들은 세상이 그어놓은 선을 넘지 못했다.

즐기지 못하는 인생

어릴 때는 걸쭉하고 진한 사계절을 즐겼다. 산과 들은 때에 맞추어 열매를 내주었다. 바다도 소라와 고둥, 혹은 문어까지 빈손으로 돌려보내는 법이 없었다. 그중에서도 여름 바다의 품은 넓었다. 떠들썩한 물놀이가 주는 즐거움이나 꼬챙이에 끼운 게 몇 마리 정도는 바다가 가진 것에 비하면 아무것도 아니라는 듯, 제한 없이 나누어 주었다. 노을이 지면 바다도 쉬고 싶은지 노곤하게 누워 있었다.

바닷물에 몸을 적셔 본 적이 언제였는지 기억에 어렴풋하다. 어른이 되면 제약이 많다. 마치 실내 정숙이라는 팻말을 본 후부터 실내에서는 언제나 조용히 해야 하는 것을 배워 버린 아이처럼 말이다.

행복은 강도가 아니라 빈도라는 말이 있다. 우산살이 부러져도 뜨거운 햇볕을 막아줄 수 있다. 너무 체면을 따지고 남의 시선에 얽매여 살면 그것은 자신의 인생이 아니다. 선량하게, 하지만 당당하게 자신의 인생을 살아야 한다. 설령 선을 좀 넘으면 어떤가. 그 사람처럼 알몸으로 다니는 게 아니라면, 세상을 뒤집는 일이 아니라면 그것은 신선한 자극이 되리라. 여기에는 지혜를 가진 마음이 필요하다. 살아있는 갈대 뿌리처럼 묵직하게, 뜨겁게 살아갈 일이다.

내 님은 누구실까?

외사촌 언니가 결혼을 했다. 면사포를 쓰고 대문에서 마루에 오르기 전 툇마루 신발 벗는 곳까지 깔린 조짚을 밟으며 조심조심 걸음을 옮겼다. 잔칫집에 모인 친척들과 동네 사람들이 예쁘다고 한마디씩 했다.

1970년대 제주의 결혼식 풍경이다. 외할아버지는 평소의 갈옷 대신 한복을 입으시고 다른 할아버지들과 마루에 앉아 계셨다. 엄숙하고도 설레는 광경이다. 왜냐하면 나도 언젠가는 예쁜 면사포를 쓰고 조짚을 융단 삼아 깔아놓은 마당을 걸어 결혼식을 할 것으로 생각했기 때문이다.

형부 될 분의 집과 외사촌 언니네 집의 거리를 가늠해 보았다. 어느 정도인지 감이 왔다. '오호라, 결혼은 그 정도의 거리에 사는 사람과 하는 것인가 보다. 그럼 나의 짝은 누굴까?' 아무리 생각해 보아도 그 동네에는 생각나는 남자아이가 없었다.

'그러면 나는 결혼을 하지 못하는 것인가?' 하는 절망스러운 생각을 하다가 불현듯 한 아이가 떠올랐다. 그러나 이내 숨이 턱 막혔다. '그 애와는 절대 결혼하고 싶지 않은데, 어떻게 하지.' 가슴이 덜컥 내려앉으며 눈물이 나왔다.

학교 짝꿍인 그는 받아쓰기를 서로 바꾸어 채점할 것이라는 선생님 말씀에 틀린 부분을 지우개로 지우고는, 백 점 맞은 것으로 하라고 윽박지른 아이다. 더군다나 백 점이라는 글씨를 빨간 색연필로 쓸 때는 선생님의 필체처럼 하라는 것이었다. 그렇지 않으면 자리에 앉지 못하게 하겠다고 으름장을 놓았다. 어떻게 선생님의 글씨까지 흉내 내란 말인가. 느닷없는 요구에 할 말을 잃었다. 나는 백 점인데….

겨우겨우 백 점이라는 글자를 그려주었다. 그러면서 글자 하나 제대로 쓸 줄 모르는 바보, 멍청이라고 생각했다. 점점 화가 나기 시작했다. 틀린 것을 맞는 것으로 해 준 것 때문에 얼굴은 상기되었다. 당장에라도 지옥으로 떨어질 것 같아 가슴이 두근거렸다. 어린 마음에 뭔지 모르지만, 나의 인생에 큰 오점을 남겼다는 게 너무 속상했다. 거짓말하면 피노키오의 코가 길어지는 것에는 비교도 안 될 만큼 큰 벌을 받을 것 같았다.

정말 별다르게 미운 데에는 다른 것도 한몫했다. 그 애의 학용품은 거의 일본 제품이었다. 자석이 달린 필통 뚜껑은 비닐이 씌어져 있어 번쩍번쩍 윤이 났다. 아귀를 맞출 필요도 없이 살짝 닫아도 자석끼리 '톡' 소리를 내며 닫혔다.

일제 학용품에 무심코 옷이 스치거나 손이 닿으면 책상을 반으로

금을 긋고 조금씩 더 넓게 자리를 차지했다. 그때마다 '백지장도 맞들면 낫다'라는 글자도 틀리면서 일제 학용품만 있으면 공부가 저절로 잘 되나? 하며 속으로 나무랐다.

짝꿍 때문에 학교생활이 영 즐겁지 않았다. 아침이 되어 학교에 갈 생각을 하면 한숨부터 나왔다. 어머니는 어린애가 웬 한숨이냐고 야단을 치셨다. 하지만 내게는 인생이 걸린 문제였다.

그 애에게 우리는 결혼해야 할 사이라는 말을 하지 못한 채 절망스러운 날들이 지나갔다. 가끔 길에서 마주치는 그 애의 어린 동생들도 눈여겨보게 되었다. 그러다 결혼에 대한 앙증맞은 생각이 산산조각이 나고 안도의 숨을 내쉴 수 있는 일이 드디어 생겼다. 앞집의 오빠가 군대를 다녀온 후 얼마 되지 않아 결혼하게 된 것이다. 놀라운 일은 신부가 그 오빠네 뒷집 처녀였다.

혼란에 빠졌다. 지금까지의 생각대로라면 그 언니와 결혼해서는 안 되는 것이었다. 좀 더 먼 동네의 신붓감과 결혼을 해야 했다. 얼마 후 사촌 오빠도 결혼하게 되었다. 이번에도 신랑과 신부집의 거리는 가히 파격적이었다. 엉뚱한 결론을 내려 혼자 마음고생 한 것을 그제야 깨달았다. 조그마한 일에도 그 애를 미워했던 것을 반성했다.

공채에 합격하고 발령을 받아 간 곳에서 그 아이의 어머니를 만났다. 전에 가졌던 감정이 남아 있어서인지 말 많은 그분의 언행에 눈길이 갔다. 잘난 우리 아들이 어쩌고 하는 말에 옛날 생각이 났다. 아이들 간에 얼마든지 있을 수 있는 일을 심각하게 생각했던 게 우습다.

미혼인 사람은 자신의 배필이 궁금할 수밖에 없다. 그러니 이런 노래도 생기지 않았는가.

내 님은 누구실까
어디 계실까
무엇을 하는 님일까
만나 보고 싶네

우리 마을 사람과는 절대 결혼하지 않으리라 다짐했다. 하지만 정작 어른이 되어서는 어릴 때 생각했던 바로 그 동네의 다섯 살 위의 남자와 결혼했다는 사실이 아이러니하다.

그 이름 유동룡

제주혼디독립 영화제가 열렸다. 관객 심사단의 일원으로 참여하게 되어 여러 편의 영화를 보았다. 36편의 경쟁작과 6편의 초청작이 상영되었다. 개막작으로 정다운 감독의 건축 다큐멘터리 〈이타미 준의 바다〉를 관람했다. 유동룡이라는 이름을 가진 건축가의 생애와 건축 철학을 조명한 작품이다.

그의 작품 중 최고의 역작인 핀크스 골프장의 포도호텔은 제주의 오름과 초가집의 이미지를 살려 지어졌다. 프랑스 슈발리에 예술문화 훈장을 받게 된 건축물이다. 방주교회와 두손박물관 등 제주도 여러 곳에 이타미 준의 건축물이 있다. 2009년 제주영어교육도시 개발사업 건축총괄 책임을 맡기도 했다.

시즈오카현의 시미즈에서 후지산과 바다를 보면서 자란 이타미 준은 조센징이라 무시당하며 재일 한국인으로서의 고뇌를 갖고 살아야 했다. 경계에서 길을 만든 그의 삶은 곤고했다. 한국이나 일본, 어디에서건 디아스포라로 살아야 했던 그가 '이타미 준'이라는 이름을 갖게 된 배경에도 애달픈 사연이 숨어 있다.

작품을 발표하거나 항공기를 이용할 때 일본에서는 쓰이지 않는 활자인 그의 성 '유'자 때문에 곤란을 겪다 이타미 준이라는 이름을 지었다. '이타미'는 처음 비행기를 이용했던 공항 이름이다. 당시 한국에서 유명한 음악가 길옥윤과의 친분으로 '윤'을 일본식으로 불러 '준'이라 했다. 이렇게 해서 이타미 준이 만들어진 것이다. 공항의 이름을 선택할 때 어떤 심정이었을까.

유동룡은 일본에서 나고 자랐지만, 끝까지 귀화하지 않고 한국 국적을 지켰다. 조선 사람이라는 이유로 일감을 얻기도 어려웠다. 하지만 신념을 갖고 살았다. 내면에는 소용돌이치는 바다가 출렁였을 것이다.

첫 클라이언트는 재일 한국인 여성이다. 제주 출신의 그녀는 유동룡에게 일본의 아파트 리모델링을 맡겼다. 타인의 인생을 사랑의 시선으로 바라보는 그였기에 독특하면서도 살기 좋은 집으로 재탄생 시켰다. 그 인연으로 이타미 준은 제주를 찾게 되었고 제주의 풍광에 매료되었다.

초가집과 감귤밭, 구불구불 이어지는 한라산의 숲길은 매력적이었다. 혼례를 치르거나 장례 때에 동네 사람들이 항아리마다 물을 가득히 채워 주는 인정 넘치는 모습을 보았다. 마음까지 제주 바다에 푹 잠기면서 상처가 치유되고 회복되는 계기가 되지 않았을까.

매우 깊은 어둠 - 절대 고독의 표출로 상처 입은 도시를 치유하기 바랐던 마음은 홋카이도에 있는 '석채의 교회', 그리고 벚나무와 대나무의 건축인 '먹의 공간'에 스며있다.

밝음과 어둠 사이, 그러나 나의 눈길은 어둠에만 쏠리고 있다고 고백하는 모습에서 내면의 본질적인 고독감을 엿볼 수 있다. 경계인으로서 느끼는 비애인지도 모른다.

특히 서울대 도서관을 허물 때 나온 벽돌을 재활용하는 따뜻한 건축은 그의 철학을 대변한다. 벽돌이 지닌 기억과 시간의 맛을 되새김질하는 Bar '주주'는 서울에서 일본까지 배송되어 온 자재들로 만들어진 곳이다. 40여 년이 지났지만 아직도 탄탄하다는 일본인 사장의 말에 자랑스러움과 자부심이 넘쳐난다.

제주의 아름다운 영상미와 그리움을 담은 주변인들의 인터뷰도 참 좋았다. 그중에서도 일본인 건축가 한 사람은 "이타미 준의 건축을 모방했다는 얘기를 들어도 좋다. 그는 대단한 건축가이다."라는 말에서 그 위대함이 더욱 빛난다.

유동룡은 재일 한국인이라는 굴레에 갇혀 일본에서 살며 에움길을 걸었다. 한국에서는 일본인으로, 일본에서는 한국인으로 배척당한 설움이 깊게 배인 길을 걸었던 것이다. 그러니 일본에서도 한국에서도 제대로 인정을 받기가 어려웠다. 어둠을 안고 살 수밖에 없는 처지다. 화가 나더라도 큰소리를 내지 말라고 했던 생전의 말에서 조용히 노 저어 가는 배 같은 인생을 살지 않았을까 생각해 본다.

잘 만들어진 공간은 노후도 더디고 그곳에 깃든 사람을 행복하게 한다. 이타미 준의 건축은 무겁지만 따뜻하다. 아버지의 길을 따라 건축가가 된 큰딸 유이화 씨는 "중간에 멈추지 마라. 끝까지 가야 한다.

현장에서는 야쿠자가 되어라. 좋은 것을 만들기 위해 자신의 의견을 관철해야 한다."는 아버지의 조언을 기억하고 있다. 애써 지은 것을 허물고 다시 짓는 일은 여간 괴로운 일이 아니다. 현장에서의 잡음과 마찰도 이겨내야 한다는 것이다.

스스로가 아름다워야 작품도 아름답다면서 삶 자체가 아름다워야 한다고 말하는 부분이 있다. 온기를 품은 사람만이 할 수 있는 말인 것 같아 그가 나무라면 나도 열매로 매달려 있고 싶은 마음이 간절하다. 내면의 어둠을 뛰어넘어 역사를 초월했다는 내레이션이 마음을 울린다.

자연과 사람 사이, 시간의 결이 깃든 건축을 선물했던 유동룡, 건축가이자 화가인 그는 프랑스 국립 기메박물관에서 아시아인 최초로 개인전을 열었다. 안도 타다오에 이은 세계적인 예술가임에도 많이 알려져 있지 않다. 참으로 아쉽다.

비와 눈을 막아주고 바람을 견디며 사람을 안온하게 감싸주는 집은 그 자체로 예술작품이다. 자연을 거스르지 않고 건축물이 세워질 장소의 고유한 풍토와 정서를 살려 사람에게 어우러지는 작품을 추구한 예술가 유동룡.

훌륭한 건축은 압축된 음악이며 빛과 그늘의 조화라는 말이 있다. 한 인간의 삶을 경외감 어린 시선으로 바라보며 다시 한번 되뇌어 본다.

이타미 준의 건축이 제주에 있다는 것은 축복이다.

훔친 고사리

봄, 만물이 키를 재는 시기다. 겨우내 엎드려 있던 보리와 유채가 하루가 다르게 자란다. 텃밭의 봄동도 물이 돈다. 납작했던 배추 이파리가 위로 향하면서 보드랍게 변한다. 어른들은 '배추가 새 마음 먹었다.'고 표현했다.

제주에서는 봄이 오면 고사리 꺾기가 한창이다. 들에 나가 본 지가 가물가물하다. 해마다 선물 받은 고사리를 요리해 먹었다. 고사리는 허리를 굽혀 절하며 하나하나 꺾어야 한다. 수고가 이루 말할 수 없다. 말린 고사리는 물에 불렸다가 삶아 다시 물에 우린다. 다진 마늘과 참기름 등으로 양념을 하고 약한 불에 푹 졸이면 다른 반찬이 필요 없다.

어릴 때, 언니와 동네 아주머니를 따라 먼 길을 걸어 고사리 밭으로 갔다. 아침 일찍 일어나 속칭 '서케' 가까이 가면 기운이 다 빠진다. 어린 내겐 너무 먼 길이었다. 소 팔러 갈 때 따라간 강아지가 이런 마음일까. 어디쯤 왔는지 헤아릴 여유도 없다. 길 하나를 사이에 둔 동케와 서케는 끝이 보이지 않는 곶자왈이다.

너른 들판엔 잡목이나 동백나무가 우줄우줄 서 있다. 그 주변에는 겨우내 삭은 풀 사이에 새싹이 자란다. 고사리도 그런 곳에서 자란다. 가시덤불도 웃자라 우리를 못살게 굴었다. 가시가 옷에 걸리면 그걸 떼어내느라 혼이 난다. 겨우 한 걸음 전진할라치면 이번엔 옆의 가시에 걸린다. 유독 그런 곳에 통통한 고사리가 많다. 유혹하는 고사리를 향해 손을 뻗는 순간, 머리카락부터 윗도리까지 저당 잡히고 만다. 몇 번을 가시에서 탈출하다 보면 요령이 생겨 점점 수월해진다.

당신 앞에 어정거리지 말고 뿔뿔이 흩어지라는 어른의 호령 소리에 옆 밭으로 간다. 뒤만 졸졸 따라다녀 안타까웠는지 언니가 고사리 많은 곳을 손으로 가리킨다. 잡풀이 자라기 시작한 평평한 곳에서 어느새 대나무 구덕이 가득 찬다.

갔던 길을 다시 내려온다. 고사리까지 한 짐 지고 오는 길은 힘들면서도 가볍다. 마을에 당도하기 전에 장사치에게 팔아 치운다. 마을까지 지고 가면 돈을 더 받을 수 있다. 하지만 먼 길을 걸어가야 하니 들에서 짐을 덜 수 있는 것만 해도 감지덕지다. 내려와서 아이스크림을 하나 사 먹는다. 나머지 돈은 어머니께 드린다. 가끔 오십 원 정도 남겨 만화책을 빌려다 보았다. 커서 저 만화방의 책을 다 읽어볼 것이라고 다짐한다. 저 정도는 우습게 빌려다 볼 수 있는 사람이 되겠다고 결심했다. 머리맡에 높이 쌓아 놓고 잠들고 싶었다. 머릿속에는 오직 그 생각뿐이었다.

우리 집은 동네 어른들의 아지트였다. 밭에서 김을 매고 저녁을 먹으면 마실을 온다. 보리농사 작황이 어떻고, 어느 집 제사가 요맘때라는 등의 얘기를 했다. 수다는 기다리고 있는 대하드라마 〈토지〉가 시작될 때까지 계속된다.

'어른들은 돈도 있으면서 만화책이나 빌려다 읽지, 왜 마실을 다닐까.' 하는 생각을 했다. 지루한 아홉 시 뉴스가 끝나기를 기다린다. 하지만 막상 드라마가 시작되면 쏟아지는 잠을 이길 수 없다. 어린 내게 밤 열 시는 마의 시간대였다. 고사리를 꺾고 온 날은 피곤함 때문에 더 일찍 잠에 빠진다.

고사리를 채취할 때는 땡볕에 많이 움직여서 물이 자주 당긴다. 하지만 물을 갖고 다니진 않는다. 어디서 들었는지 아이들은 그럴듯하게 말도 잘 지어냈다. 들판의 웅덩이에 고인 물을 마시면 개구리알도 마시게 되어 몇 개월이 지나 개구리를 낳게 된단다. 허무맹랑한 말이었지만 손수건을 물 위에 펼치고 마셨다. 심한 갈증은 모든 것을 내팽개치게 만든다. 부엌 한구석에 자리 잡은 큰 항아리의 물을 다 마셔도 부족할 것 같다.

영미와 많이 다녔는데 우리가 자주 가는 곳이 따로 있다. 어머니의 조상님이 묻힌 임씨 문중 산이다. 덤불이 없는 맨땅에는 백고사리가 많다. 평평한 곳이라 잡목도 별로 없다. 그 부근에 '청년소낭밭'이라 불리는 곳이 있는데 장長고사리가 많이 자랐다. 소나무 크기는 청년의 키보다 조금 컸다. 지금 생각해 보니 인공조림을 한 뒤 몇 년 된 것 같다. 소나무 밑의 고사리는 통통하고 무게가 잘 나간다. 질기지 않고 길이도 길다. 하지만 복병이 있다. 바로 송충이다. 그전에는 잘 몰랐다. 눈에 띄지 않아서 그렇기도 했지만, 어른들도 하나하나 가르쳐 주지 않았다.

목이 가려워 긁었다가 기겁을 했다. 송충이가 붙어 있었다. "꺅, 여기도 있어." "너 옷에도 붙었어, 이리 와 봐." 괴성을 지르며 서로의 옷에 붙은 송충이를 나뭇가지로 떼어주었다. 그 후에는 그곳에 가지 않았다. 멀리 보이는 크고 멋진 소나무를 보면서도 좋다는 생각은커녕 가까이 가기도 싫었다.

'왜 우리 마을 들판엔 소나무가 많은 걸까, 책에 나오는 밤나무나 감나무를 심으면 오죽 좋아. 가끔 익은 걸 발견하면 따 먹기라도 할 텐데.'

5학년 때의 어린이날이었다. 어머니는 밭으로, 영미 할머니는 절에 가셨다. 우리도 어린이인데 사탕 한 알 주는 사람이 없었다. 누가 먼저랄 것도 없이 구덕을 어깨에 걸쳐 메고 집을 나섰다. 고사리 밭까지 가려면 먼 길을 가야 한다. 가고 오는 데 시간이 오래 걸린다. 한눈을 팔기도 하고 할미꽃도 꺾어 서로의 귀에 꽂아 주기도 했다.

겨우 몇 근을 꺾었다. 마을로 내려와 팔았더니 이백 원 남짓이다. 고사리 사는 집 마당에는 고사리가 산더미처럼 쌓여 있었다. 영미가 갑자기 귓속말을 했다.

"야, 아까 저 애 혼자서 우리가 꺾어 온 고사리를 샀잖아. 어른이 아무도 없대. 우리 훔치자."

"엉, 어떻게?" 하고 대답하는 사이 우리 둘은 어느새 구덕을 채우고 있었다. 그 애는 우리보다 한 살 아래다. 엄마는 시내에 나갔단다. TV

만화영화 보는 틈을 타서 어른들이 채취했음 직한 튼실하고 검은 고사리를 대나무 구덕에 주워 담았다. 금방 팔러 가면 의심을 살 것이라며 자기 집에 가 있다 오자고 한다.

아, 도둑질이 그렇게 무서운 것이라는 걸 그날 배웠다. 도로 그것을 팔러 가서는 후배의 얼굴을 바로 보지 못했다. 의심의 눈초리로 바라보던 그 애의 얼굴을 잊을 수 없다. 도둑이 제 발 저린다는 말처럼 나만의 착각이었을 수도 있다. 가슴은 쿵쿵 뛰고, 얼굴은 '나 도둑이오.'라고 써 붙인 것처럼 발개졌다. 한 근 정도 되었나 보다. 육십 원을 받는데 손이 떨려 한쪽 손을 꾹 누르며 두 손으로 공손히 받았다. 누구에게도 고백하지 못할 짓을 저지른 것이다.

이 일이 오랫동안 마음을 괴롭혔다. 중학교 입학하고 도덕 시간이었을 것이다. 정직과 신념에 대해 배웠는데 이미 선을 넘었다는 걸 깨달았다. 그때의 참담함이란 말로 설명할 수 없다.

언젠가 영미에게 이 일에 대해 기억나는지 물었다. "아니, 생각나지 않아. 그런 일이 있었나. 넌 별걸 다 기억하니? 잊어버려." 하면서 오히려 면박을 주는 게 아닌가.

올해는 봄을 반기러 들에 가 보려 한다. 조물주가 사계절을 허락한 풍토 좋은 나라에 사는 보람을 느껴봐야겠다. 고사리며 머위, 쑥과 두릅 등을 생각하면 미소가 절로 난다.

아직도 사람의 발길이 닿지 않은 한라산 중턱 어딘가에서는 굵고 부드러운 고사리들이 저 혼자 자라고 있을 것이다.

우리 집 눌할망

제주어

고민이 ᄒᆞ나 이선예. 어떤 사ᄅᆞᆷ이 현명ᄒᆞᆫ 결론을 내릴 수 이신고예. 우리 친정집 뒷마당엔 밧칠성이랜 불르는 눌할망이 이서마씀. 나가 막 두릴 때부떠 봐 와시난 오십 년이 넘어가는 거 닮아예. 어머니가 ᄒᆞ는 것 보난예, 봄기운이 잔뜩 드는 ᄉᆞ월 쯤에 ᄂᆞ물 시 가지 무치곡 곤밥이영 ᄀᆞᇀ이 올리는디 심방이 왕 젤 지내어마씀.

그날은 조왕제ᄁᆞ지 ᄒᆞᆷ치 지냅니다. 올리는 건예, 늘미역 퍼렁ᄒᆞ게 데왕 패마ᄂᆞᆼ 썰어 놩 무침니다. 콩ᄂᆞ물ᄒᆞ곡 고사리ᄂᆞ물도 맨들앙 젭시 시 개에 올립주. ᄃᆞᆨ세기도 ᄉᆞᆱ앙 올려신가 ᄀᆞ물ᄀᆞ물 ᄒᆞ염수다마는 그건 요왕맞이 ᄒᆞᆯ 때 ᄒᆞ여난 거 닮수다. 정지에 이신 신을 위ᄒᆞ는 조왕제가 끗나민 심방ᄒᆞ곡 어머닌 뒷마당더레 가예. 그딘 장항도 잇고 고팡도 잇고, 눌할망이 이수다. 눌할망은 돌을 두세 도리 두른 마직ᄒᆞᆫ 거우다. 널레기가 족은 요강 단지 ᄒᆞ나 들어갈 만이 ᄒᆞ주마씸. 지럭신 오륙십 센티미터 정도 뒙니다. 소곱에 무신게 들어신디 본 적은 어수다. 무멩실 준비ᄒᆞ는 건 봐수다. 심방이 그 앞이서 타령을 ᄒᆞᆫ 후제 묵은 주젱인 벳기곡 새 주젱일 덮읍니다. 끗나민 시 가지 ᄂᆞ물ᄒᆞ곡 곤밥은 잡신을 위ᄒᆞ영 돌 ᄉᆞ시에 ᄒᆞᆫ꼼썩 코시ᄒᆞ여 마씸.

매날 밧디만 강 살단 어멍이 집이 이시민 막 좋아예. 곤밥도 잇고 ᄂᆞ물도 이시난 좋을 수백이 엇입니다. 그날 ᄒᆞ는 부름씬 발도 가베왕예 굿인 채 안ᄒᆞ여 집니다. 심방은 제에 올려난 밥ᄒᆞ곡 돈을 받앙 갑니다. 기억으로는 ᄉᆞ천 원 받은 거 닮수다. 두 가지 젤 지내부난 경 받은 건가예.

눌할망이엔 ᄒᆞᆫ 거는예, 밧칠성이엔 ᄒᆞᆫ 말입주. 베염 신이우다. 울타리 안 오시록ᄒᆞᆫ디 베염을 위ᄒᆞ는 제단을 멘들아 낭 그 소곱에 오곡, 실, 옷ᄀᆞᆷ덜을 담앙 새로 주젱일 멘들앙 씨웁니다. 주젱인 이 녠에 ᄒᆞᆫ 번 정도 새 걸로 ᄀᆞᆯ아줍니다. 집안의 부영 장수를 기원ᄒᆞ는 건디 안주인의 신앙이엔 ᄒᆞᆸ디다. 어느제부떤 슬레이트로 덮읍디다.

제주선 짇을커로 곡식의 짚을 하영 씁니다. 유채나 쀨 태작ᄒᆞ민 마당 ᄒᆞᆫ 구석에 널르게 자리 잡앙 눌을 멘듭니다. 눌은 짚단을 차곡차곡 데민 더미를 말ᄒᆞ는 거우다. ᄀᆞ실이 뒈민예, 쀄ᄒᆞ곡 조찍눌, 유채낭눌로 마당이 ᄀᆞ득ᄀᆞ득ᄒᆞᆸ니다. 감저줄 ᄆᆞᆯ린 것도 크게 눌을 멘드는디예, 그건 저슬내낭 ᄆᆞᆯ 멕일 거우다. 게난 눌이 하영 이신 집은 부제엔 ᄒᆞᆫ

걸 알아지겟지예.

눌을 관장ᄒᆞ는 밧칠성 신을 모신 게 눌할망이라예. 제준 할망신이하우다. 안칠성도 이십니다. 안할망이렌도 ᄒᆞᆸ니다. 고팡을 지켜주는 신입주. 곡식을 보관ᄒᆞ는 고팡은 ᄎᆞᆷ 중요ᄒᆞᆫ디라예. 곡식이 떨어지지 안 ᄒᆞ길 비는 ᄆᆞ음이 아닌가 ᄒᆞ여마씀. 식개나 맹질 때, 쟁반에 돗궤기적, 쉐궤기적을 ᄒᆞᆫ 고지썩ᄒᆞ곡, ᄆᆞᆯ린 우럭 ᄀᆞᇀ은 생선을 궝 올립니다. ᄂᆞᄆᆞᆯ 무침 시 가진 ᄒᆞᆫ 젭시에 담읍니다. 대낭으로 멘든 차롱착에 어머니가 음식을 ᄀᆞᆽᄀᆞᆽ이 ᄎᆞᆯ려 주민 성은 고팡에 강 그대로 항 뚜껭이 우티 올립니다. 게민 난 메 ᄒᆞ곡 갱을 ᄀᆞ져당 올립니다. 집의 파제나 건줌 비슷 ᄒᆞᆫ 시간이민 ᄆᆞ칩니다. 게난 밧디선 풍년 들기를 바래곡, 집안인 고팡에 곡식이 떨어지지 안ᄒᆞ길 바래는 ᄆᆞ음이라예.

엿날 우리 집 눌할망 ᄉᆞ시에 유잎ᄒᆞ곡 세우리가 막 좋아나수다. 막 더운 ᄋᆞ름에 하르방 배가 들어올 시간이 뒈민 어머닌 낭으로 깎은 솔박을 주멍 "강 자리 받앙 오라." ᄒᆞ멍 날 보내수다. 벙겅망이랜 ᄒᆞ연 막 물 짚은 디가 이수다. 그디 가민 배 주연인 우리 외할아버지가 자리 사레 온 ᄆᆞ을 사ᄅᆞᆷ덜 트멍서 날 ᄇᆞ레영 "우리 손지 자리 ᄒᆞᆫ 뒈 주라."ᄒᆞᆸ니다. 거멍ᄒᆞ게 탄 얼굴을 ᄒᆞᆫ 선원안티 ᄀᆞ정 간 솔박을 주민 ᄀᆞ득 담아 줍니다. 집이 왕 눌할망 이신디 강 유잎을 ᄐᆞᆫ곡 세우리도 비어당 자리물회 ᄒᆞ영 먹엇주마씸.

아고게, 고민은 무신건고 ᄒᆞ민예. 어머니 돌아가신 지 멧 년이 뒈어 가는디 우리 집 눌할망은 그대로 이신거우다. 개명 ᄇᆞ름이 불멍 ᄆᆞ실 사ᄅᆞᆷ덜은 ᄆᆞᆫ 치와불어서예. 눌할망 굽도 엇인 집이 천지우다.

우리집인 스레트로 덮어부난 주젱일 새로 ᄒᆞᆯ 일은 엇주마는 돌보는 사름도 엇곡 경ᄒᆞ덴 치와불지도 못 ᄒᆞ는 거라예. 돌은 욮이 돌담더레 웽겨 불민 그 자릴 체얌부떠 엇어난 거추룩 ᄒᆞᆯ 수 잇주만은 그게 경 간단ᄒᆞ지가 안 ᄒᆞ여마씀. 잘못ᄒᆞ영 동티나 나민 어떵ᄒᆞᆸ니까. 게난 우리 성제덜이 아무도 것시지 안 ᄒᆞ여마씀. 난 가톨릭 신자라부난 성수 뿌리곡 ᄒᆞ영 치와도 뒐 거 닮은디 경ᄒᆞ엿당 성제덜신디 무신 일 나민 어떵ᄒᆞᆸ니까.

게구제구, 우리 집 눌할망을 어떵 ᄒᆞ여시민 좋으코예?

고민이 한 가지 있어서요. 어떤 사람이 현명한 결론을 내릴 수 있을까요. 우리 친정집에는 뒤뜰에 밧칠성이라 부르는 눌할망이 있답니다. 제가 아주 어릴 때부터 보아 왔으니까 오십 년이 넘는 것 같네요. 어머니가 하는 것 보니까 봄기운이 잔뜩 드는 사월쯤에 나물 세 가지 무치고 쌀밥과 함께 올리는데 무당이 와서 제를 지냈어요.

그날은 조왕제까지 함께 지냅니다. 제에 올리는 것은 날미역 파랗게 데쳐 쪽파 썰어 놓아 무친 것, 콩나물하고 고사리나물도 만들어 접시 세 개에 올립니다. 달걀도 삶아서 올렸는가 가물가물합니다마는 그건 용왕맞이 할 때 했던 것 같네요. 부엌에 있는 신을 위하는 조왕제가 끝나면 무당하고 어머닌 뒤뜰로 갑니다. 거기엔 장독대가 있고 광도 있고 눌할망이 있어요. 눌할망은 돌을 두세 단 쌓아 둥그렇게 만든 겁니다. 요강 하나 들어갈 만큼의 넓이죠. 높이는 오륙십 센티미터 정도 됩니다. 속에 뭐가 들어있는지 본 적은 없습니다. 무명실 준비하는 것은 봤어요. 무당이 그 앞에서 타령을 하고 나면 묵은 주저리는 벗기고 세 주저리를 덮어요. 끝나면 세 가지 나물과 밥은 잡신을 위하여 주변에 조금씩 흩뜨려 놓습니다.

매일 밭에만 가시던 어머니가 집에 있으니 기분이 좋죠. 쌀밥도 있고 나물도 있으니 좋을 수밖에 없어요. 그날 하는 심부름은 발도 가볍습니다. 무당은 제에 올렸던 밥과 돈을 받고 갑니다. 기억으로는 사천 원 받은 것 같아요. 두 가지 제를 지내서 그렇게 받은 것일까요.

눌할망이라 하는 것은요, 바깥의 칠성이라는 말이죠. 뱀 신입니다. 울타리 안 아늑한 장소에 뱀을 위하는 제단을 만들어 놓고 그 안에 오곡, 실, 옷감 등을 넣고 주저리를 만들어 씌웁니다. 주저리는 몇 년에 한

번 새것으로 갈아줍니다. 집안의 부와 장수를 기원하는 것으로 안주인의 신앙이라고 합니다. 언젠가부터 지붕은 슬레이트로 덮었어요.

제주에서는 땔감으로 곡식의 짚을 많이 씁니다. 유채나 참깨를 타작하면 마당 한 곳에 넓게 자리 잡아 눌가리를 만들죠. 눌은 짚단을 차곡차곡 쌓은 더미를 말하는 겁니다. 가을이 되면 참깨와 조짚 등으로 마당이 그득합니다. 고구마 줄기 말린 것도 크게 눌가리를 만드는데요, 그것은 겨우내 말 먹일 겁니다. 그러니까 눌이 많은 집은 부자란 것을 알 수 있죠.

눌을 관장하는 밧칠성 신을 모신 게 눌할망이에요. 제주는 할머니 신이 많습니다. 안칠성도 있는데 안할머니라고도 합니다. 광을 지켜주는 신이죠. 곡식을 보관하는 광은 중요한 장소잖아요. 곡식이 떨어지지 않기를 비는 마음이겠죠. 제사나 명절 때면 쟁반에 돼지고기와 쇠고기 산적 각 한 꼬치와 마른 우럭 같은 생선구이를 올립니다. 나물무침 세 가지는 한 접시에 담습니다. 대나무로 만든 채롱에 어머니가 빠짐없이 음식을 차려 주면 언니는 광에 가서 그대로 항아리 뚜껑 위에 올립니다. 그러면 나는 메와 갱을 가져가서 올리고요. 집의 파제 시간과 거의 비슷하게 끝납니다. 그러니까 밭에서는 곡식이 풍년 들기를 바라고, 집안에는 광에 곡식이 가득차기를 바라는 마음이죠.

옛날엔 우리 집 눌할망 주변은 깻잎과 부추가 잘 자랐어요. 한여름에 할아버지 배가 들어올 시간이 되면 어머니는 통나무를 파내어 만든 되를 주면서 "가서 자리돔 받아 오라." 하며 저를 보내셨어요. 벙경망이라는 물이 아주 깊은 데가 있어요. 그곳에 가면 선주인 우리 외할아버지가 자리돔 사러 온 마을 사람들 틈에서 나를 보시고 "우리 손자 자리

한 되 주라.” 합니다. 거멓게 탄 얼굴을 한 선원에게 갖고 간 바가지를 주면 한가득 담아주었어요. 집에 오면 눌할망 있는 데 가서 깻잎을 따고 부추를 베어다 자리물회 만들어서 먹었죠.

아이코, 고민은 무언가 하면요. 어머니 돌아가신 지 몇 년이 되어가는데 우리 집 눌할망은 그대로 있는 거예요. 개명 바람이 불면서 동네 사람들은 다 없애버렸어요. 눌할망 만들 때 놓았던 돌의 굽조차 없는 집이 천지예요.

우리 집은 지붕을 슬레이트로 덮어서 주저리를 새로 바꿀 일은 없지만 돌보는 사람도 없고 그렇다고 치워 버리지도 못하는 거예요. 돌은 옆에 있는 돌담으로 옮겨 버리면 되지만 그게 그렇게 간단하지 않습니다. 잘못해서 동티나면 어떻게 합니까. 그러니 아무도 건드리려고 안 하는 거예요. 저는 가톨릭 신자라서 성수 뿌리고 나서 치워도 될 것 같은데 그랬다가 형제들에게 무슨 일 생기면 어쩝니까.

그러나저러나, 우리 집 눌할망을 어떻게 하면 좋을지요?

슬픈 돌의 노래

넓적빌레*도 서러웠을까. 너븐숭이는 옴팡밭을 품은 채 흐느끼고 있었다. 현기영의 《순이 삼촌》 부분 부분을 품에 안고 돌들도 이리저리 누워 속울음 삼킨 한을 풀고 있었다.

제주혼디독립영화제의 일환으로 북촌리 너븐숭이 4·3 유적지에서 세월호 잠수사들의 이야기가 담긴 〈로그북〉이라는 영화가 상영되어 찾은 길이다.

가을을 재촉하는 비가 추적추적 내리는 날이었다. 그곳은 웃을 수도 없고 사진 한 장 찍기도 송구한 장소다. 손바닥만 한 연못도 며칠 내린

* 빌레 : 너럭바위의 제주어

비로 물을 가득 머금고 있었다.

돌을 쌓아 조그마한 탑을 만들어 놓은 게 보였다. 작은 돌멩이를 얹고 고개를 숙였다. 이곳에서 희생된 영령만이 아닌 4·3에 목숨을 잃은 모든 이를 위무하고 싶어서였다. 방금 올려놓은 돌은 무엇을 위한 것인가. 돌로 탑을 쌓아 위로가 된다면 세상의 모든 돌을 쌓으리라.

무덤을 두고 앙증맞다고 할 수 있을까. 애기무덤 앞이다. 눈은 벌써 물기에 촉촉이 젖었다. 제주 화강암으로 테두리를 두른 애기무덤은 다른 산담에 비해 낮다. 보는 것만으로도 가슴이 저리다. 그날의 피를 본 게 슬픈 듯 돌마저 눈물을 흘리고 있다. 하룻밤에 한 가지씩 옛날이야기를 들려주며 아기의 영혼을 보듬고 재워 주었을까. 한 곳에 여러 명의 아기가 묻힌 봉긋한 무덤은 마치 어머니가 젖먹이를 품은 모습이다.

애기무덤은 조그맣다. 아기의 어머님도 단아하고 정이 많은 분이었겠지. 무엇 때문에 죄 없는 어린 것이 죽어야 했을까. 젖먹이를 두고 차마 떠나가지 못하는 어머니의 영혼이 돌이 되어 누웠는가.

아이가 생존했으면 가을마다 열리는 운동회 날을 기다렸을 것이다. 달리기가 시작되면 두근거리는 가슴을 진정시키며 손에 땀을 쥐었을 아이…. 설레는 마음으로 늦게까지 잠을 이루지 못하는 봄 소풍도 다녀왔겠지. 소풍 가서 보았던 일을 어머님께 재잘거렸을 순진무구한 영혼은 꽃도 피워 보지 못한 채 너븐숭이에 스미었다. 견디지 못하였는지 빌레도 가슴이 쩍쩍 갈라져 있다.

살았으면 손자 손녀를 보았을 나이가 넘었다. 사람으로 태어나서 희로애락을 느끼며 한 생을 살았을 것이거늘. 비극을 지켜봤던 너븐숭이는 어떻게 견뎌냈을까. 희끗희끗 이끼 낀 바위에 쪼그려 앉아 돌의 노래를 듣는다.

"나의 검은 몸뚱이에 죄 없는 인간들이 총에 맞아 푹푹 쓰러지는구나. 저들은 피의 값을 어떻게 치르려고 이런 무서운 짓을 저지르는고. 사람들은 나의 심장이 검다고 하나 어찌 검지 않을 수 있으랴. 골마다 붉은 피 스며들어 바람까마귀 떼 울부짖었는데."

옆에 선 소나무의 소리도 들린다.

"금을 주면 너를 사랴, 은을 주면 너를 사랴. 귀한 자식 품에 안고 노래 부르던 부모 가슴에 총질하고 어린 것에게도 마구 쏘아대는 게 도대체 사람인가. 그렇구나, 그럴 수 있구나. 수백 년 자란 나무를 가뭇없이 베어 버리는 게 사람인 줄 알고는 있었지만, 사람을 한낱 돌이나 나무 같이 쓰러뜨리는구나. 아, 몹쓸 놈의 세상이로다."

너븐숭이는 기포를 하나씩 만들었다 지우며 혼잣말을 하지 않았을까. 나지막이 무덤을 감싼 화강암을 본다. 학살 비극의 현장에서는 돌이나 나무, 공기조차 쉽게 지나칠 수 없다. 시간과 이야기를 품고 견뎌 온 것들이다. 생명이 없다 하지만 오히려 사람보다 나은 면이 있다. 눈으로 보아도 끝내 침묵하지 않는가. 아마 그날의 일을 곰곰이 되새겨 보고 있을 것이다.

적을 사살하는 경험도 쌓을 겸, 몇 명씩 총살하자는 한 장교의 가벼운 제안이 질펀한 죽음의 잔치가 되어 버렸다. 만물의 영장이라 자찬해 마지않는 인간이 너븐숭이를 기어 다니는 뱀이나 들쥐보다 못한 신세가 되어 버린 것이다.

죽인 자는 우매하여 미물보다 못하고, 죽은 자는 생명의 하찮음에, 파리 목숨 같다는 그 오래된 단어에 의지하여 헛웃음을 지어야 하는가.

자조와 능멸 섞인 울음을 간직한 너븐숭이의 물결무늬 아로새긴 너럭바위를 와락 안아주고 싶다.

엎드린 채 눈비 맞은 지 수억 년을 견딘 너븐숭이여. 어느 날, 거기 묻힌 어린 영혼이 울며 서 있는 게 보이거든 따뜻한 마음으로 품어 주소서. 생전 어머니에게 부렸을 투정을 받아 주소서, 부디.

비 오는 어느 저녁, 어린아이 손을 잡은 어머니의 영혼이 보이거든 고개를 끄덕여 주소서. 알고 있노라고, 다 알고 있으니 이제 깊은 잠에 들어도 된다고 위로해 주소서, 부디.

대낮에 총을 멘 거만한 군인이 서성이는 게 보이거든 그곳에서 희생된 이들을 대신해 항변해 주소서. 염라대왕에게 피의 값은 갚았느냐고, 살아있는 사람에게는 무정한 돌처럼 보이겠지만 내게도 눈과 입이 있다고. 빌레가 깨어질 만큼 호령하여 어디서도 환영받지 못하게 하소서, 부디.

그리하여 너븐숭이의 빌레와 돌덩이들이여, '입 쫌쫌 눈 뻘룽'을 강요당한 사람들처럼 눈 감고 입 다물지 마소서. 그들의 피가 헛되지 않게 하소서.

옛날 보았던 바닷가의 용천수도 지금은 말라 버린 곳이 많다. 여름날 얼음처럼 차가운 물에서 누가 오래 참는지 내기했던 그 청청한 물은 어디로 가버렸단 말인가. 우리 동네는 바닷가에 단물 나오는 곳이 많았다. 물이 얼마나 좋았으면 청수淸水동이라 불렀을까. 그중에서도 두 손을 넣어보기조차 미안한 '청굴물'은 단연 으뜸이다. 죽어가는 사람이 마지막으로 청했다는 이 물은 자손만대까지 솟았으면 좋겠다. 청굴물은 왼쪽은 여성용, 오른쪽은 남성용으로 나뉘어있다.

part 3

돗제 하는 날

금기는 왜 그리 많았을까. 신목을 똑바로 봐서는 안 되었다. 눈병이 나고 우환이 닥치므로 입에 올리는 것조차 삼갔다. 그 부근만 가면 눈을 어디에다 둬야 할지 몰라 몇 발자국 앞만 바라보며 정성스러운 마음으로 걸었다. 백성을 질병과 위험에서 구해 주는 신이 왜 저주를 내릴까. 의구심에 어머니께 여쭈면 검지를 입에 갖다 대었다.

본향당에 누가 정성을 들이고 갔는지 제단에 소주병이 놓여 있다.

사라사테를 들려주오

Q에게서 전화가 왔다. 미국에 가서 살게 되었다는 것이다. 외국인과 결혼하겠다고 했던 여학생 때의 소원을 이룬 모양이다. 그녀는 클린트 이스트우드의 열렬한 팬이다. 〈석양의 무법자〉 등 그가 출연한 영화는 모두 봤을 것이다. 1980년대의 우편 시스템이어서 그랬는가. 대 배우에게 보낸 팬레터는 오랜 기다림 끝에 답장을 받을 수 있었다. 그의 트레이드마크인 이마를 찡그린 사진과 자필 편지를 받은 날, 친구와 나는 두 손을 잡고 깡충깡충 뛰었다.

여고 시절 우리는 둘도 없는 친구였다. 둘 다 영화와 책을 좋아했다. 아침부터 저녁까지 영화관에 눌러앉아 영화 한 편을 네 번까지 본 적도 있다. 나름의 규칙이 있다. 첫 번째 볼 때는 스토리에 집중해서 본다.

두 번째는 배우의 연기를, 그다음은 영어로 된 대사를 듣는다. 마지막은 전체를 다 보는 것이다. 하지만 밖에 나와서는 멋진 남자 주인공 얘기만으로 끝을 보았다.

Q가 지금까지 내게 영향을 미치고 있는 게 있다. 사라사테 Sarasate의 〈치고이너바이젠 Zigeunerweisen〉이라는 연주곡이다. 카세트 테이프로 들려주었는데 단박에 가슴을 파고들었다. '집시의 선율'이라는 뜻을 가진 이 곡은 현악기 연주법상의 기교가 총망라된 어려운 곡으로 사라사테 외에 누구도 연주하지 못하게 만들었다. 실제로 그 시대엔 제대로 연주할 수 있는 사람이 드물었다고 한다.

7분이 넘는 이 곡은 막 시작하는 사회 초년생인 내게 팡파르같이 다가왔다. 듣고 있어도 듣고 싶을 정도로 갈증이 났다. 특히 바이올린의 활을 사용하지 않고 손가락으로 튕겨 연주하는 부분이 백미다. 연주가 시작된 지 채 이 분도 안 되어 '트앙~' 하며 현을 끊는 소리는 감동과 공허함을 동시에 선사한다. 마치 충만한 것 같으면서도 뭔가를 도둑맞은 듯 텅 빈 느낌이다.

나이 들어서는 곡의 흐름이 나의 삶과 닮았다는 생각이 든다. 어찌 이리 내 인생과 닮았는가. 격정적이면서도 잔잔하고, 흐느끼는 것 같으면서도 찬란하다. 춤추는 집시를 보고 싶다는 생각에 당장 스페인에 가고 싶을 정도이다.

치고이너바이젠을 통해 위로를 많이 받았다. 오래 울어야 풀릴 것 같은 단단한 응어리가 심장에 뭉쳐 있을 때 사라 장의 연주를 듣는다. 며칠을 듣고 또 듣는다. 바탕은 아직 얼룩이 묻어있지만 그래도 들여다볼 만한 색으로 마음이 변한다. 그러고 나서 한 번도 고뇌해 본 적 없는 듯한 깨끗한 마음으로 그 아픔을 바라본다. 그러면 음울한 숙고의 그림자에 둘러싸인 자신을 발견한다.

생명 있는 것 치고 고난이 없는 것은 없다고 했던가. 주변 사람들은 이 말과 상관없이 잘살고 있는 듯했다. 세상에서 오직 나 혼자 힘들게 사는 것처럼 느껴졌다. '내가 누릴 행복을 그들이 빼앗아 간 것은 아닌가.' 하는 생각으로 세상을 희부옇게 바라본 적이 있다.

고통의 구렁텅이에 빠져 허우적거리고 있을 때 세상은 끊임없이 파도를 메다꽂았다. 때로는 깊은 바다로 떠밀어 버리기도 했다. 내 삶은 내동댕이쳐진 것이나 다름없었다. 그럴 때면 마음속으로 '나는 지금 치고이너바이젠의 손으로 튕기는 두 번째 부분에 와 있는 것인가.' 생각하기도 했다.

이 곡의 중간 부분에 비바람이 몰아치는 듯한 리듬이 있다. 집시가 춤을 춘다면 아마 발을 바닥에 내디딜 새도 없이 불에 덴 듯 날아다녀야 할 것이다. 어느 날, 내가 그 집시인 것을 깨달았다. 땅에 발을 디딜 새 없이 춤추고 있는 것은 나였다. 애절하게 두 손을 아래로 내리는가 하면, 빠르게 연주되는 비바체의 템포에 따라 위로 튕겨 오르기도 했다. 거친 바람에 하늘로 솟구쳤다가 바닥으로 고꾸라지는 춤을 추는 집시 여인은 바로 나였다.

어린 시절 무서운 해일이 몰아닥친 날, 바닷가 외할아버지댁은 난리가 났다. 밀이 담긴 항아리는 길가에 나와 있었다. 항아리 옆에 해초가 떠밀려와 있었는데 작은 물고기 하나가 파닥이고 있었다. 손바닥에 얹어 놓고 가만히 들여다보았다. 바닷물이 있는 곳에 놓아 준다고 해도 살아날 가망이 없는 생명이었다.

"나는 값 없나이다, 값 없나이다."를 중얼거리며 운명을 주무르는 신께서 내 인생을 주목해 주기를 갈망했다. 그런 삶 속에서도 애잔함과 숭고함이 깃든 춤사위로 지느러미를 파르르 떨던 그날의 물고기처럼 느껴지는 나 자신과 가족을 위무하며 살았다.

희망을 잃어서는 안 되었다. 나에게는 영롱한 눈망울을 가진 아이들이 있었다. 일어서야 했다. 큰 밭의 보리들이 밑동이 뎅강 잘려 밭 주인인 어머니 발아래 굴복했을 때, 어머니께선 만면에 웃음을 띤 채 그것들을 바라보았다. 희망에 대한 예민한 촉수가 있었던가. 내 앞날도 꼭 그렇게 만들겠다고 굳게 결심했다.

연약한 영혼이 부서지는 아픔을 오래 겪어 본 사람은 안다. 사람에게 숨겨진 선한 마음이 얼마나 위안이 되는지를 말이다. 그것을 알아차리는 데는 그리 오랜 시간이 필요치 않다. 마음에서 우러나오는 따스함은 어깨를 두드려 주지 않아도 눈빛만으로 알 수 있다.

파도를 맞는 바위섬이 조금씩 깎이듯 나 또한 저녁노을을 바라보는 한 그루 소나무가 되어 갔다. 세상은 나에게 술 한 잔 사주지 않았지만, 덕분에 나는 한 턱 낼 용기를 가지게 되었다. 세상을 바라보는 눈의 각질이 많이 벗겨진 것이다. 풀발이 세어 서걱이던 마음이 후줄근하게 죽은 삼베옷처럼 되지는 않았지만 말라가는 빨랫감 정도는 되었다.

구멍이 숭숭 난 현무암 담벼락에 매달린 늙은 호박 그림에서 사라사테의 리듬을 읽는다. 굽은 허리에 짐 진 노인의 고단한 모습에서, 요트를 타고 바다를 가르는 젊은이의 모습에서도 그의 음악이 흐른다.

언제부턴가 부드럽고 감미로운 음색을 느낀다. 파도를 가르며 항해하던 배가 무사히 귀항 하는 중이다. 저기 멀리에 위대한 개츠비가 보았던 녹색 불빛이 보이는가. 부두의 맨 끝에서 조그맣게 반짝이는 그 불빛을 따라가자. 나에겐 희망이자 고향인 그곳으로 가자.

빈방

온기가 없다. 체취도 사라졌다. 차가운 방에 우두커니 섰다가 나온다. 인생의 가장 좋은 시절을 공부하기 위해 머나먼 이국으로 떠난 막내딸의 방을 다시 돌아본다. 저녁이면 음악 소리와 영어 회화 소리가 들리던 곳이다.

적막하다. 식구 하나 빠져나간 게 이리도 허전할까. 마당으로 나가 아이가 아끼던 강아지를 쓰다듬어 본다. 놀아 주던 주인이 안 보여서인지 기가 꺾인 모습이다. 어린 나이에도 산다는 것에 목마름이 컸던 딸이다. 아이한테선 돌과 바람 내음이 났다. 고향과 부모를 떠나 힘든 인생 여정을 걸으며 얼마나 많은 것들을 생각할까.

결혼 전, 석양을 등에 지고 걸어가는 퇴근길은 많은 생각을 하게 했다. 가을로 접어들 무렵의 늦은 귀갓길이었다. 밭일을 끝내고 점심을 먹었던 그릇들이 달그락거리는 소리를 내며 돌아오는 농부의 하루가 거룩하고 숭고하게 느껴졌다. 저녁을 밟으며 돌아오는 노동의 끝. 먼 하늘에 떼 지어 나는 저 철새들, 구만리 장천을 날아가는 새들은 어디로 가는 것일까.

결혼 생활은 늘 목에서 단내가 났다. 이상과 현실은 너무나 달랐다. 남편의 사업은 말 못 할 사정으로 큰 빚을 남긴 채 정리되었다. 사무실 집기며 비품을 가득 실어다 놓은 시댁에서의 생활은 고통과 절망의 나날이었다. 몇 개월 후 첫 아이를 낳았을 때 환희보다는 겁이 났다는 표현이 옳을 것 같다. 한 생명을 올바르게 잘 키울 수 있을까. 내 인생의 잔치는 이제 끝나버린 것인가.

친정에서 산후조리를 했다. 아이 돌보는 것도 만만치 않았고 여러 가지로 힘들고 우울한 날의 연속이었다. 급기야 젖을 먹는 아이에게 눈물을 떨구고야 말았는데 이를 본 어머니께서 불같이 노하셨다.

"뭐가 문제고, 집이 없냐, 양식이 없냐. 젖먹이 위에 눈물 떨구는 집에 잘될 것이 뭣고."

"…."

"걱정 마라, 누군들 배워서 애기 키우느냐. 사람이란 배워가며 사는 것이다. 시부모도 있고 남편도 있는데 뭐가 걱정고."

호통을 치다가 이내 달래주셨다. 산후 우울증이란 걸 나중에 알게 되었다. 아이를 돌보느라 만성 수면 부족과 가게까지 운영해야 했으니 우울증을 내비칠 기회조차 없었다.

가게를 닫고 녹초가 되어 집으로 돌아오는 길은 결혼 전에 출퇴근했던 길이다. 하지만 하늘에 돋아난 별은 그때의 별이 아니었고 삶도 더는 숭고하거나 거룩하지 않았다.

“인생은 땅 위에서 고역이요, 그의 생애는 품꾼의 나날 같지 않은가? 해 지기를 기다리는 종과도 같고 삯을 기다리는 품꾼과도 같지 않은가?” 성서 속 욥이 한 말을 생각하며 살았다.

문학이나 못다 이룬 꿈 같은 목마른 단어가 생각나면 ‘에라, 그런 것은 빚 없고 걱정 없는 명희 같은 사람들이나 하는 거다.’ 하며 뿌리를 잘라 버렸다. 명희는 결혼할 때 시가에서 제주시에 이층집을 장만해 주었고 자녀들이 태어날 때마다 큰돈을 받았다고 자랑했던 친구이다.

그러나, 그러나 말이다. 생활이 어려우면 어려울수록 더욱 굳은 결심을 하는 게 있었다. 비루하게 살지 말자. 내 인생을, 내 아이들을 명경처럼 영롱하게 지켜 내리라. 내 삶을 밑바닥으로 끌어내린 하늘의 뜻을 헤아려 보리라. 끝날 것 같지 않은 빚 갚음도 끝나는 날이 있을 것이다. 그때 후회할 일은 하지 말자. 그렇지 않으면 열심히 사느라고 해도 결국은 거미줄 같은 집을 짓고 말 테니까. 굳은 결심 끝엔 어디서 나오는지 모르는 용기와 의욕이 생겼다. 생명 있는 것치고 고통 없는 것은 없다지 않은가. 그렇게 살아냈다.

언젠가 아이들이 얼른 자라 혼자만의 시간을 가졌으면 좋겠다는 편지를 은사님께 보낸 적이 있다. 무엇 때문에 그렇게 조급증을 냈을까. ‘이러다 내 인생이 끝나면 어쩌나.’ 하는 불안과 우울함이 마음속에 늘 공존해 있었기 때문인 것 같다. 아이들에게도 얼른 크라는 말을 자주 했다.

세 아이 모두 공부하러 떠나버린 집은 우리 부부만 살기엔 너무 크고 휑하다는 말에 큰아이가 뼈 있는 대답을 한다.

"우리 어렸을 땐 얼른 크라고 했으면서 엄마는…. 하긴 그때는 엄마가 너무 힘들어서 그랬을 거예요. 지금부터는 우리 걱정하지 말고 엄마 인생에서 가장 하고 싶은 것들만 하면서 사세요."

입은 말로 가득 차 있어 터질 듯해도 하고 싶은 말을 다 하지 못하고, 눈은 세상을 보고 있어도 세상의 모든 것을 다 보지는 못한다고 했다. 그 시절엔 혼자만의 조용한 시간을 마음껏 누려 보고 싶었는데 막상 그렇게 되니 뭘 해야 할지 생각나지 않는다. 전력질주 후 털썩 주저앉은 느낌이다.

집에도 빈방이 생겼지만, 마음에도 빈방이 생겼다. 무엇으로 채워야 할지 모르겠다. 작가 박경리 선생은 가슴에 붕대를 싸매고 《토지》라는 대작으로 그 방을 채웠다. 사마천을 생각하며 살았노라 했다. 인생 전반을 남모르는 땀과 눈물, 그리고 세 아이의 눈망울을 보며 채웠다면 쉰 이라는 나이의 빈방에는 무엇으로 채워야 할까.

새벽 세 시의 고요처럼 시방 혼자만의 빈방은 텅 비어 있다.

신의 발자취

신의 발자취를 좇고 있다. 무척 쉬우면서도 어려운 일이다. 단 하루도 자신과의 약속을 어기지 않으려고 기를 쓴다. 바로 성경을 필사하는 일이다. 이 년 넘게 하다 보니 노트가 차곡차곡 쌓여간다. 경건하게 마음을 바로잡고 쓰노라면 결이 곱고 순한 정신이 깃드는 걸 느끼게 된다.

성경책 두께만 보아도 엄두가 나지 않아 넘보지 못할 것으로 여겼다. 시어머니께서는 성경을 네 번이나 필사하셨다. 오랫동안 존경의 마음으로 바라보기만 했을 뿐이다. 신약성경만 해도 1,500여 페이지에 달한다. '저 많은 양을 나도 필사할 수 있을까.' 생각만으로도 몸과 마음이 작아져 버렸다. 용기를 내지 못했다. 생애 마지막 날까지 시도조차 해보지 못할 것 같아 고개를 떨어뜨린 적이 많았다.

새로 부임해 오신 본당 신부님께서 강론 시간에 요한복음을 필사하자는 말씀을 하셨다. 기간 안에 제출하는 신자에게는 상품권을 준다고 한다. 신앙이 돈독한 신자에게나 어울릴 일이라고 생각하며 행동에 옮기지 않았다. 신자 한 분이 부상으로 상품권을 받았다며 자랑했지만 나와 관계없는 일이라 생각했다.

신부님께선 두 달이 지나는 동안 몇 번이나 성경 쓰기를 강조하셨다. 마음이 조금씩 움직였다. 완벽을 기대하는 성격 때문에 망설이고 있다는 생각이 들었다. '하루에 한두 줄이라도 써보자.'라는 마음이 생겼다. 끝까지 쓰지 못하면 중간에 그만두어도 된다는 데까지 이르자 한결 편해졌다. 처음부터 성경 한 권을 다 써야 한다는 중압감을 떨쳐 버리니 쉽게 다가갈 수 있었다. 누가 검사하는 것도 아닌데 왜 그렇게 틀에 가두어 두었는지 모르겠다.

"말씀은 너희에게 가까이 있다. 너희 입과 너희 마음에 있다."라는 말씀이 왜 이렇게 새삼스럽게 느껴질까. "천국은 너희 마음에 있다."라는 성경 구절도 하루의 언행을 뒤돌아보게 만든다. 자주 부정적인 생각에 휩싸이면서도 그렇지 않은 척 살아가는 게 부끄럽다. 그럴 때마다 위선적이지 않게, 선한 마음으로 세상을 바라볼 수 있기를 기도한다.

신의 사랑은 절대적이지만 눈에 보이지 않는다. 무량 무한하다는데 세상은 어두운 곳이 너무 많다. 비행기가 추락할 때 신은 어디에 있었을까. 세월호가 침몰할 때 신은 왜 일부의 사람들만 살려주었을까. 하느님은 잠도 자지 않고 곁을 지킨다고 하셨는데…. 가끔은 이런 의문이 조물주의 뜻을 다 알지 못하면서 생각으로 불손을 저지르는 게 아닌가 싶을 때도 있다. '네 지혜 너머의 것까지 알려고 하지 말라.'는 말도 있지 않던가.

신은 왜 하늘과 땅을 만들었을까. 세상은 음양으로 이루어져 있다고 생각할 때가 있다. 우선 불과 물, 남자와 여자가 그렇고 작게는 색채의 대비도 음양이 있다. 따뜻한 색이 있는가 하면 차가운 색이 있다. 이 모든 게 인간의 삶에 필요해서 조물주가 만들었을 것이다. 길가에 구르는 돌멩이도 다 쓸모가 있다는 말이 있다. 나이가 들어서야 진심으로 동감하게 된 말이다. 고개를 끄덕이게 된다.

어머니께서는 언니가 갖다 드린 불교 책자를 자주 읽으셨다. 지인이 고향에 간 길에 어머니를 뵈려고 우리 집을 방문했던 모양이다. 정갈한 살림살이에 고개를 끄덕였다고 한다. 독실한 불자인 그녀의 눈을 붙잡은 것은 《죽어서 가는 곳》이라는 책을 읽고 계신 어머니의 모습이었다. 안경도 없이 벌써 여러 번 읽으신 책 같아서 더욱 감동하였다고 한다. 나이가 들어서도 책을 가까이하는 모습을 뵈니 참 좋았다며 큰 깨우침을 얻었다고 말해줘서 무척 흐뭇했다. 그러면서 "나도 나이가 들면 익은 벼처럼 고개 숙이고 부처님의 말씀대로 살 수 있을까?"라고 묻는다. 불교 경전을 쓰고 싶은 마음은 오래전부터 갖고 있었는데 시작하지 못했다며 아쉬워한다. 남을 생각하는 마음이 남다른 그녀의 삶은 이미 여러 권의 불경을 필사한 것과 같다는 생각이 들었다.

생각나는 일이 있다. 서귀포시 표선면 토산리를 소개한 책자에서 한 촌부가 불교 경전을 붓글씨로 옮겨적었다는 대목이었다. 지금처럼 펜으로 쉽게 쓰는 것도 아니고 먹을 갈아 한지에 옮겨 쓰는 일은 시작 단계부터 경건한 마음을 가지게 했으리라. 가지런한 글씨체는 그 사람의 올곧은 마음과 같이 단정하고 우아했다. 백지에 옮겨 적는 동안 몸과 마음이 정화되었을 것이다. 벌써 몇십 년 된 이야기지만 가끔 생각이 난다.

어떤 일을 오랫동안 혼자 꿋꿋이 하기는 쉽지 않다. 너무 피곤하여 일찍 잠을 자야 하거나 실행하지 못할 것 같은 날은 한 줄만이라도 써야겠다는 의지를 다지고 썼다. 한 번에 많이 써야 하는 마음을 가지면 피로도가 높아진다. 부담을 전혀 갖지 않을 수는 없지만 명쾌한 한 가지 룰은 있어야 자신을 통제하기 쉽다.

성경을 쓸 때만큼은 마음이 평화롭다. 광풍에 시달린 낡은 타루초 같던 영혼이 다시 온전해지는 시간이다. 고운 색감이 입혀지고 새것이 되는 것이다.

특히 잠언을 보면 인간의 무지와 탐욕, 게으름에 대해 묵상하게 된다. 그렇게 읽고 쓰면서 마음에 새긴다. 누구나 명심해야 하는 구절도 많다. 마음에 담아둔 여러 개의 문장은 삶의 이정표 역할을 해준다. 어떤 일을 선택해야 할 때 도움 되는 말도 있다.

생전 처음 전도서를 읽었을 때 가장 마음에 와닿은 구절이 아직도 마음에 남아있다.

> 헛되고 헛되다, 설교자는 말한다,
> 헛되고 헛되다. 세상만사 헛되다.
> 사람이 하늘 아래서 아무리 수고한들 무슨 보람이 있으랴!
> 한 세대가 가면 또 한 세대가 오지만
> 이 땅은 영원히 그대로이다.
> 모든 강이 바다로 흘러드는데

바다는 넘치는 일이 없구나.
세상만사 속절없어 무엇이라 말할 길 없구나.
아무리 보아도 보고 싶은 대로 보는 수가 없고,
아무리 들어도 듣고 싶은 대로 듣는 수가 없다.
지금 있는 것은 언젠가 있었던 것이요,
지금 생긴 일은 언젠가 있었던 일이라.
하늘 아래 새것이 있을 리 없다.
지나간 나날이 기억에서 사라지듯
오는 세월도 기억에서 사라지고 말 것을.

엄마, 안녕

내 생애 잊지 못할 한 해가 갔다. 묵은해는 가고 새해가 왔지만 어머니는 올 수가 없다. 아주 가버리셨다. 낙엽을 내려놓는 나무를 보며 자연의 섭리를 생각하듯, 돌아가셔도 그러려니 살 수 있을 줄 알았다. 나이 쉰이 되었으니 그리될 줄 알았다. 그런데 아니다. 만사에 어머니 생각이 난다. 좋은 음식을 봐도 생각나고, 생전에 사 드리지 못했던 가볍고 푹신한 거위 털 이불을 봐도 그렇고 가을마다 한 상자씩 사다 드렸던 탐스레 익은 홍시를 봐도 생각이 난다.

장례식을 마치고 이레가 지난날, 자려고 양치를 하는데 갑자기 어머니가 보고 싶었다. 이젠 볼 수 없다고 생각하자 '욱' 하고 그리움이 터져 버렸다. 치약을 입에 문 채 세면대를 양손으로 붙잡고 참아 보았지만 터져 버린 눈물은 통곡이 되어 버렸다. 놀라서 욕실로 달려온 가족들에게 고백했다.

“어머니가 너무 보고 싶어.”

아홉 살짜리 고아가 된 기분이다. 얼마 전 친구가 김치를 만들어 달라며 그녀의 친정어머니와 통화를 하는데 ‘어머니’라는 단어를 열 번 넘게 했다. 그러나 난 이제 ‘어머니’라고 부를 어머니가 없다. 속으로 울음을 삼키며 생각했다.

난 이제 누구보고 어머니라고 하지?

누가 날 보고 “요래 누우라.”고 말해 줄까.

밥은 먹고 다니느냐는 말을 누구한테서 듣지.

착하게 살면 어디서 도와도 도우니 너무 걱정하지 말라는 격려의 말을 누가 해줄 것이며.

혼자 어머니의 임종을 지키게 되리라고는 생각도 못 한 일이었다. 한 시간 전에 다녀갔던 형제들도 병원으로 다시 돌아오는 중이었다. 임종이 가까워져 오자 다른 병실로 옮겼다. 그 큰 병실은 이 우주 안에 어머니와 나, 단둘이만 남겨진 것 같은 두려움과 불안, 숨 막히는 고요를 안겨 주었다. 옮기자마자 맥박수가 뚝뚝 떨어지기 시작했다. 바야흐로 어머니는 저승길을 가는 중이었다. 호흡의 간격은 점점 느려져 갔다.

어머니와 단둘이 병실에 남겨진 그 시간, 마지막 숨이 넘어가기 직전 어머니 볼에 입맞춤했고, 다음 순간에 숨을 거두셨다. 맥박이 제로가 되면서 마음이 평온해지며 두려움이 사라지는 것을 느꼈다. 내가 상상할 수 있는 가장 고요한 시간이었다. 마지막 순간에도 괴로움 없이 잠자듯 편안한 모습으로 떠나신 어머니께 세상의 모든 감사와 위로를 드리고 싶었다.

궤 속 깊이 간수하던 당신의 수의를 싼 보자기가 풀리는 날이 눈앞에 오다니. 수의가 그렇게 곱고 아름다운 비단으로 만들어진 옷인 줄 알았으면 미리 한 번 보기라도 할 것을. 오래전부터 손수 준비해 두셨던 어머니의 수의는 속옷부터 겉옷까지 가짓수가 많았다. 선덕여왕이 저런 호사를 했을까. 노국공주가 입었음 직한 비단옷을 낯선 남자가 켜켜이 입히는 모습을 보았다. 이런 좋은 옷을 생전에 입었어야 했는데 인생 마지막 순간에 딱 한 번 입기에는 너무나 곱고 아름다운 옷이었다. 다 입히자 한 사람씩 번갈아 인사를 하라고 한다. 내 차례가 되어 앞으로 나아가 어머니의 손을 만졌다. 아직도 온기가 남아 있는 것 같았다.

"어머니, 이 축복 받은 손으로 평생 몇만 평의 밭을 매었으며, 이 발로 몇백 킬로를 걸으셨어요. 나는 몸이 불편하니 일찍 집을 나서야 남들과 같이 밭에 도착한다며 늘 새벽길을 걸으셨지요. 평생을 물질 끝나면 밭일, 밭일 끝나면 집안일로 쉴 틈 없이 사신 어머니. 생전에 좋은 옷 입으셔야 하는데 지금에야 비단옷을 입으셨네요. 저희 잘 키워주셔서 감사합니다. 저도 아이들 잘 키우고 어머니 이름에 욕되지 않게 최선을 다해 살게요. 어머니, 어머니, 우리 어머니. 좋은 데로 잘 가세요."

눈물을 흘리며 애도하는 가운데 입관예절을 마쳤다. 이례적으로 사흘장이 아닌 나흘장으로 장례를 치렀다. 많은 손님을 맞으면서도 가슴 한쪽에서는 늘 음울한 〈페르귄트 조곡〉이 흘러나왔다.

죽음으로 안식을 찾은 인간이라는 위대한 존재.

죽음아, 너는 어디서 왔느냐. 너의 종착역은 어디이더냐.

죽음은 슬픔이 아니다. 눈물 저 너머에 있는 한 번도 경험해 보지 못한 비수의 죽임, 바로 그것이다.

죽음은 음울한 검은색이 아니다. 붉은색이다. 그것도 보통 붉은 게 아니라 핏빛으로 강렬한 붉은색이다.

죽음은 밤이 아니다. 자다 깨면 문득 밑바닥에 가라앉았던 의식이 갑자기 명료해지며 눈물이 주르륵 흐르는데, 그것은 화다닥 이불을 걷어 젖히며 달려드는 새벽이다.

죽음은 적이 아니다. 인생 단 한 순간도 떨어져 있지 않은 친구이다. 영예롭게 얻은 백발, 인정을 베풀었던 손, 궂은일에 남보다 먼저 뛰었던 발, 어려서부터 행해 온 지혜로운 처신, 세상 무서운 줄 알고 신을 경외했던 마음, 그 모든 것을 쟁반에 받쳐 들고 우리는 죽음이라는 친구와 먼 길을 떠나야 한다.

나는 이제 세상에서 가장 큰 글자로, 세상에서 가장 큰 소리로 어머니께 감사를 전하고 싶다.

"금은보화가 귀하다 한들 자식보다 귀하겠느냐." 하신 어머니, 이 세상 걱정은 다 내려놓으시고 편히 가세요. 이제 세상에서의 소임은 완벽히 다 해내신 겁니다. 하늘나라에는 밭일도 없고 물질도 없고 아픔도 없으니 편히 쉬세요.

어머니라고만 불렀지 엄마라고는 한 번도 불러 보지 못한 엄마, 우리 엄마. 처음이자 마지막으로 불러 봅니다.

"엄마, 안녕."

백 년을 넘어뜨린 카인

남들은 과로하면 몸살을 앓는다고 한다. 나는 심한 어지럼증(이석증)을 앓는다. 말할 수 없는 괴로움을 여러 번 겪으며 입원과 퇴원을 반복했다. 원하는 병실이 없어서 8인실 구석에서 어지럼증과 사투를 벌였다. 처방은 쉬는 것밖에 없다고 한다. 링거와 약으로 달래며 쉬어야 하는데 병실에선 새벽부터 늦은 밤까지 텔레비전을 켜 놓아 오히려 생병이 날 지경이다. 옆 침상의 코골이 할머니와 밤이면 더 심해지는 기침 환자 때문에 잠을 자지 못해 낮에도 멍한 상태로 있다가 기어이 퇴원했다.

늦은 아침이지만 약을 먹으려면 밥을 한술 떠야 한다. 아직도 어지럼증이 남아 있는 머리를 감싸 쥐고 나오는데 집 뒤 주차장에서 요란한 전기톱 소리가 울렸다. 그때까지만 해도 어느 집이 또 공사를 하나 보다 생각했다. 그런데 전기톱 소리가 하나가 아니다. 몇 개가 동시에 작업하는 소리였다. 몸을 가누며 뒷마당엘 나가 보았다.

자동차 수십 대를 세울 수 있는 주차장 부지에 백 년은 족히 넘는 수양버들의 허리가 댕강 잘려져 있다. 그 옆에 어른이 안아도 다 품을 수 없는 아름드리 향나무도 그렇다. 동네를 덮는 고목이라 베어진 자리가 휑하다. 서너 명의 인부들이 전기톱으로 가지를 잘라내고 있었다. '맙소사, 누가 저런 짓을…' 나무가 쓰러진 것을 보고 가만히 있을 수 없었다. 두 사람이 잘린 가지들을 트럭에 싣고 있었다. 어떻게 해서 나무를 베게 되었는지 그들에게 물었다. 그때 나무가 서 있던 부근의 집 아들이 슬리퍼를 질질 끌고 나오며 대신 대답을 한다.

"나무가 너무 커서 베었어요, 왜요?"

슬리퍼의 주인공은 당신이 뭔데 그런 것을 물어보느냐는 듯 나를 위아래로 훑어본다. 대답을 듣는 순간 하늘로 고개를 들었다. 나무의 수액이 공중에 흩뿌려진 것 같았다. 그것은 전기톱에 의해 해체되는 나무의 혼같이 느껴졌다. 나무는 이미 잘렸고 나는 대꾸할 말을 잃었다. 다른 동네는 고목을 보호수로 지정해 달라고 관청에 건의하기도 한다는데 아무리 철모르는 젊은이로서니 소중함을 그렇게도 모른단 말인가.

그동안 얼마나 많은 사람에게 시원한 그늘을 제공해 줬던가. 한여름 운행에 지친 택시기사도 나무 밑에서 한숨 자고 가고, 꿩들도 쌍쌍이 놀던 곳이다. 허전하고 안타까운 마음 이루 말할 수 없다.

집 뒤 주차장은 원래 제주시 소유의 토지이다. 운동기구들이 설치되어 있고 팔각형의 정자가 세워져 있다. 작년 여름에 낮술을 먹었는지

불쾌한 얼굴을 한 낯선 남자가 정자에서 한동안 코 골며 자다 간 것을 제외하고는 정자를 이용하는 사람도 거의 없다.

도심에 있으면서도 30여 가구가 채 되지 않는 조용하고 아늑한 이 동네가 단박 마음에 들었다. 집이 남향인 것도 좋았고 마당에 내리쬐는 햇살도 좋았다. 그래서 디아스포라의 삶을 접고 마당 넓은 집에 둥지를 튼 게 재작년 봄이었다. 주변에 나무들이 많아서 그런지 까치도 많고 꿩도 자주 보이는 이 동네는 도시에선 보기 드물게 환경이 좋은 곳이다.

그의 집 또한 오래된 감나무와 살구나무가 탐스러운 열매를 달고 있어 온 동네를 눈 부시게 한다. 늦게 퇴근하는 식구를 기다리는지 밤이면 대문에 늘 환하게 불이 켜져 있었다. 그 모습을 보며 마음이 따뜻해지곤 했었는데 그런 감상에 젖었던 자신조차 미워졌다.

팔짱을 끼는 젊은이의 두툼한 손을 보며 말없이 돌아왔다. 오랜 세월 가뭄과 장마에 견디어 온 나무에 대한 경외라고는 터럭만큼도 없는 이에게 무슨 말을 하랴. 오면서 보니 동네 사람이 정자 옆에서 나무가 있던 자리에 시선을 고정하고 있었다. 아마 잠깐 외출한 사이 베어져 버린 아름드리나무들을 생각하며 나처럼 애달파 하고 있으리라.

인간의 능력이 크고 많은 것 같지만, 자신의 머리카락 하나 희게 하거나 검게 할 수 없다. 조그마한 풀 한 포기라도 인간이 가진 힘만으론 키울 수 없다. 햇볕과 물과 흙이 있어야 한다. 하물며 고목임에랴.

가뭄에 물 한번 줘 보지 않았고 나무가 자라는 데 아무런 보탬도 줘 보지 않은 이가 인간 수명의 몇 배나 되는 나무들을 완력으로 쓰러뜨리다니 마음이 아프다.

한동안 침묵으로 지냈다. 늘 쓰다듬으며 지나던 나무가 사라져서 바람도 화가 났는가. 얼마 전엔 나무가 있던 자리에서 회오리바람이 이는 걸 보았다. 자라는 데 걸린 시간은 백 년이 넘는데 베어 버리는 건 한순간이다. 인간이 자연에 행한 갑질이 아니고 무엇인가.

요즘 들어서 어지럼증을 호소하는 사람들이 많이 늘었다고 한다. 원인을 모르는 병들도 많이 생겼다. 이 모두가 자연을 벗 삼던 옛날의 생활 방식과 달라서 그런 게 아닌지 모르겠다.

충격을 받아서인지 증세는 더 심해졌다. 세상도 어지럽고 하늘도 어지럽다.

나무들도 쓰러지면서 나처럼 어지럼증을 느꼈을까.

먹고 싶다, 문어호박국

팔월이 다 가고 있다. 계절은 어디 갔다 오는지 잊어버리지도 않고 찾아온다고 했던 옛 어른 말씀이 생각난다. 요맘때 어머니께선 아침 일찍 물때에 맞춰 물질을 나가셨다. 갓 잡아 온 문어로 문어호박국을 끓여 주셨는데, 어린 시절에 가장 좋아하던 음식이다.

뜨거운 물에 호박을 넣고 팔팔 끓여 익으면 싱싱한 문어를 썰어 넣는다. 문어가 익어가면서 국물은 먹음직스러운 붉은색이 된다. 먹기 전에 유채기름 한 수저를 넣으면 고소한 맛이 일품인 문어호박국이 된다.

햇유채 기름은 참기름 못지않게 고소하다. 유채 기름을 짜 오는 날은 온 가족이 둘러앉아 밥에 간장과 기름만 넣고 비벼 먹었다. 함박웃음을 웃으며 저녁을 먹는 우리는 행복했다.

어려서부터 해산물을 무척 좋아했다. 그래서 어머니의 걱정하는 소리를 자주 들었다. 예부터 해물을 좋아하면 물질에 소질이 없다고 한다. 모름지기 상군 해녀가 될 사람은 해물을 돌보듯 해야 한다는 것이다. 그도 그럴 것이 어머니께선 문어 같은 것은 잘 드시지도 않았고 담백한 된장국을 좋아하셨다. 성게국이나 미역국도 그리 좋아하지 않았다.

그러나 나는 문어는 말할 것도 없고 갱이 죽(게 죽)이나 날미역 무침 등 요즘 말로 씨푸드를 무척 좋아했다. 그 시절 어른들은 여자아이들이 크면 당연히 해녀가 될 것으로 생각했다. 미역무침을 맛있게 먹고 있는 내 모습을 보며 어머니는 상군 해녀 되기는 글렀다며 혀를 차곤 했다.

이마에 땀을 흘리며 밥을 먹는 형제들 모습을 흐뭇하게 보시던 어머니는 옛이야기를 하신다. 내가 갓난아기였을 때, 동네의 일곱 살 난 아이에게 업혀두고 앞바다에 물질을 하러 갔단다. 뭍에 나와 보니 타는 볕에 멸치 마르듯 울고 있는 아기를 보고 가슴이 너무 아팠다고 한다. 그걸 보고는 채취한 수확물이 가득 든 테왁을 아무 데나 내던져두고, 오랜 시간의 물질 끝이라 추위에 덜덜 떨며 아기를 받아 앉아 젖부터 먹였다고 한다. 젖이 불어 미처 삼키지 못하는 것을 보며 그렇게 눈물이 나더란다. 그 피 같은 눈물이 아기 위로 떨어지더라고 한숨을 쉬셨다.

그 세월을 어찌 살았을까. 물질이 끝나도 밭일하러 다시 들로 가셔야 했으니 말이다. 쇠로 태어나지 못해 여자로 태어난다는 제주 속담의 의미를 알 것 같다.

하늘이 푸르니 바다도 푸른가. 어버이 사랑이 깊으니 은혜도 깊은가. 어머니께서 자주 말씀하시던 상황을 제주어 시로 그려 보았다. 어머니를 오래도록 가슴에 품고 싶어서, 그 사랑을 잊지 않으려고 써 본 시이다.

새벽바람이 서늘해지는 때가 문어호박국이 가장 맛있을 때다. 먹음직스러운 붉은색 국물에 노란 호박이 어우러진 담백한 이 음식을 어머니께서 드실 수만 있다면 열 번이라도 만들어 드리련만….

계절은 다시 돌아왔는데 세상을 떠난 어머니는 돌아올 줄 모른다

자식이 뭣산디

일곱 살 난 애기업개더래
물애기 업져두곡
물에 들인 난 보닌
ᄌᆞ작벹에 멜 ᄆᆞᆯ르듯
우리 애기 눈이 멜라지게
울엄서라
그걸 보난 테왁이고 찌고
들러 대껴 둰
닥닥 털멍
젖부터 물려져라
괄락괄락 젖 먹는 애기 보멍
피 ᄀᆞᇀ은 눈물이
애기 우터레 져라
아이고, 기여사
경ᄒᆞ여도 살암시난 살아져라.

자식이 무엇인지

일곱 살짜리 아기 업어주는 애에게
갓난아기 업혀두고
물질해서 나와 보니
타는 볕에 멸치 마르듯
우리 아기 눈이 무너지게 울고 있더라
그걸 보니 테왁도 뭣도
중요치 않게 내던져 버리고는
너무 얼어 떠는 몸으로
젖부터 물렸지
꿀꺽꿀꺽 숨차게 젖 먹는 아기를 보니
피 같은 눈물이
아기 위로 떨어지더라
그러게
그래도 삶을 이어가다 보니 살아지더라

일본, 일본인

레스토랑을 십여 년 넘게 운영한 적이 있다. 외국인과 유명인이 많이 왔다.

다나카 씨는 한동안 매주 우리 요릿집에 왔다. 그는 근처 호텔의 일본인 카지노 손님이다. 올 때마다 궁금했다. 돈이 얼마나 많은 사람이길래 한국에 매주 올 수 있나. 무슨 일을 하는 사람일까. 두세 명의 여성을 번갈아 가며 데리고 왔다. 그중에는 일본 여성도 있다. 그녀는 아토피를 앓는지 얼굴에 버짐 같은 게 피어있었다. 아무렇지도 않게 다리를 꼬고 앉아 담배를 피웠다. 금연구역이라며 주의를 주었더니 한 번만 해도 될 것을 여러 번 "스미마셍."이라고 하며 고개를 굽신거린다. '그렇게 예의를 잘 차리면서 우리 조상들에게는 왜 그런 심각한 고통을 주었니?' 마치 그녀가 일제 강점기의 사람인 것처럼 느껴져 그런 생각이 울컥 솟아났다. 나도 모르게 고개를 돌린다.

그들은 전복구이와 전복삼계탕을 즐겨 먹었다. 식성을 잘 알기 때문에 삼계탕에는 다진 마늘을 듬뿍 넣어준다. 동네 아저씨같이 인상 좋은 그는 '오이시'라는 단어를 연발하며 남김없이 먹어 치운다. 함께 온 여성도 어찌나 식성이 좋은지 어느새 그릇을 다 비웠다.

어느 날, 다나카 씨가 가까이 다가오더니 일본제 초콜릿을 내민다. 포장이 고급스럽다. 생각지 못한 선물에 환하게 웃어 주었다. 아주 비싼 제품이라고 말하고 싶어 하는 걸 안다. 우리는 늘 손짓 · 발짓으로 서로의 언어를 알아듣기 때문이다.

아주 요긴하게 잘 썼단다. 요리에 마늘을 넣어 먹는 것을 좋아하는 사람이라 깐마늘을 곱게 포장해서 선물한 것에 대한 보답이리라. 해풍을 맞은 밭마늘이니 더 맵고 단단해서 맛도 좋았을 것이다. 우리는 어느새 많이 친해졌다.

어느 날 그가 혼자 찾아왔다. 늘 먹던 음식이 나갔다. 손님과 대화 나누는 것을 좋아해서 식사하는 다나카 씨 앞에 앉아서 반찬이 떨어지면 가져다드렸다. 그는 이것저것 물어왔다. 나도 전에 가졌던 의문이 느닷없이 떠올랐다. 직업이 궁금했다. 단도직입적으로 그에게 물었다.

"What do you do?"

"?"

뭐라고 얘기를 하긴 하는데 얼버무리는 것 같다. 너무 개인적인 일을 묻는 것인가 싶은 마음에 입을 다물었다. 그날 밤 잠자리에 들었을 때였다. 하루 일을 쭉 뒤돌아보다 낮에 나누었던 대화가 생각났다. 그의 직업 생각을 하다가 불현듯 큰일을 저질렀다는 생각에 벌떡 일어나 앉았다. 그가 야쿠자 두목이라는 데까지 생각이 미쳤기 때문이다. 그래서 못 알아들은 척, 영어를 모르는 척했는지 모른다. '그런 사람이 아니라면 매주 카지노에 올 수 없지. 일본의 조직 폭력배 대장이라면 어떻게 하지? 아니면 마약왕?'

전전긍긍하던 일주일이 지났다. 토요일 오후가 되자 언제나처럼 웃는 얼굴에 손을 흔들며 나타났다. 호리호리한 몸에 착 붙는 청바지를 입었다. 직업을 물었던 말에 대해 심각하게 여긴 것 같지 않다. '일본인은 본심을 잘 숨긴다는데, 저 웃는 얼굴 뒤에 의뭉스러운 다른 게 들어앉아 있지는 않겠지.'라고 생각하며 전과 같이 대했다. 여전히 유쾌하게, 만족스러운 식사를 하고 돌아갔다. 그는 그저 돈 많은 일본인이었나 보다.

그 당시는 일본 관광객이 제주를 많이 찾았다. 중국 사람도 가끔 있지만, 외국인은 대체로 일본사람이 더 많았다. 식당은 금연구역으로 지정되어 시범으로 운영되던 때였다.

한 무리의 일본인이 들어왔다. 팔십 노인부터 세 살 정도 유아까지 대가족이다. 겨우 걸을 줄 아는 아기가 신발을 벗기 전에 살짝 뒤돌아서더니 신발 코가 밖으로 향하게 벗어 놓는다. 그 모습을 보고 혀를 내둘렀다. 놀라움은 이것만이 아니었다. 밑반찬을 차려 놓는데 엄마인 듯한 사람이 아기의 입술을 자신의 검지와 중지를 이용해 세차게 때리는 게 아닌가. 졸렸는지 칭얼거린 걸 두고 그런 것이다.

가차 없는 게 야만스럽다. 그 여린 입술을 때리다니. 소리 내어 울면 더 혼날까 두려운지 눈물만 그렁그렁하다. 일본이라는 나라의 한 단면을 보는 것 같았다. 왜 그 순간에 무릎 꿇은 조선인의 목을 일본도로 내려치는 사진이 떠올랐을까. 진저리가 쳐지고 소름이 돋았다.

전복회가 나가고 전복구이를 들여가기 전이었다. 일본 할아버지가 담배를 피웠나 보다. 옆 테이블에는 서울의 한 가족이 비행기 시간에 맞춰 서둘러 식사를 하던 중이었다. 임신부가 기침하며 담배를 꺼 달라고 요청했다. 당연히 밖에 나가 끽연을 하던가 담뱃불을 끌 줄 알았다.

"담배 연기가 싫으면 입 막고 코 막아라." 하며 큰소리칠 줄이야. 일본어로 한 얘기라 알아듣지 못할 줄 알았나 보다. 임신부 가족 중 일본어를 아는 이가 "입 막고 코 막으라니, 그러면 임신부한테 죽으라는 말이에요?" 하며 반격한다. 여차하면 한판 붙을 태세다. 조그마한 일에도 '스미마셍'을 외치며 굽신거리는 자들이 여기서는 그리 못하겠다는 것인가.

크게 제작된 금연 팻말을 가리키며 밖에 나가서 피우던가, 끄라고 강한 억양으로 말했다. 그랬더니 매너 없게 테이블 티슈를 수북이 꺼내어 그 위에 담뱃불을 뭉갠다. 일제의 순사가 먹이를 놓쳤을 때 저런 표정을 지었을까. 그의 가족은 말없이 눈을 내리깔고 식사를 했다. 지금도 일제 시대인 줄 착각하는 일본 노인네에게 지금은 2000년대라고 쓴 종이를 눈앞에 갖다 대고 싶었다.

그즈음은 조정래의 《아리랑》을 읽던 중이었다. 일제의 만행에 치를 떨었다. 비열하고 잔인한 고문은 가슴을 짓눌렀다. 실제 겪어본 일본 손님 중에는 보이지 않게 거만하고, 소리 내지 않고 비하하며, 눈짓으로 깔보던 이가 가끔 있었다. 하지만 대놓고 식민지 백성 대하듯 하는 노인은 처음이다. 마음 같아서는 정중하게 나가 달라고 하고 싶을 정도였다.

일본인들은 아직도 식민지 시절의 향수를 잊지 못하는 것 같다. '조선인 강제송환'이라는 말이나 '조선인을 때려죽이자.' 등의 구호를 외치는 헤이트스피치는 아베가 정권을 잡은 이래 더욱 심해졌다.

일본의 지상파 방송도 극우 출연자들의 험한 막말을 여과 없이 내보내고 있다. 오죽 심했으면 우경화된 자국의 언론을 본 일부 시민들이 모여서 '한국 적대시 선동 반대'의 팻말을 들고 시위를 할까.

"한국에 후쿠시마산 농수산물을 수출하지 않아도 750만 한국 관광객이 와서 먹어 준다."는 고노 외무상의 발언은 한국인을 대하는 그들의 깊은 속내를 보여준다. 그는 일본 징용 피해자 보상을 한국 정부가 책임져야 한다고 말했던 인물이다. 과거사를 외면하고 사죄하지 않는 일본은 독일의 메르켈 총리가 유대인 학살의 현장인 아우슈비츠에서 고개를 숙인 모습을 보지 못했는가. 그녀는 범죄 책임을 인정하는 건 독일이라는 국가 정체성이라고 말했다. 그러면서 "독일인이 이곳에서 저지른 야만적 범죄에 대해 마음 깊이 부끄러움을 느낀다."고 했다.

독일과는 너무나 다른 일본인들에게 과연 그러한 태도가 후손에게 자랑스러운지 묻고 싶다.

돗제 하는 날

돗제 구경을 했다. '김녕 · 월정 지질 트레일' 행사를 할 때였다. 제를 집전하는 무당은 옛날부터 어머니가 자주 부르던 단골무당이다. 세월의 그림자가 깃들었지만 오랜만에 보는 얼굴이라 반갑다. 조왕제를 비롯해 많은 제를 지내준 그녀는 큰무당이 되어 매스컴에도 자주 오르내린다. 무형의 유산을 간직한 이가 대우받아야 하는 것은 당연하다. 그들조차 세상을 떠나면 제주인의 무속 의식은 어디서 찾을 것인가.

돗은 돼지를 일컫는 말이다. 동네 어른들은 가정의 번영과 평안을 위해 돼지를 잡아 무당을 불러 제를 지냈다. 돼지는 열두 부위로 나누어 쟁반에 올린다. 이때 돌레 떡도 함께 제상에 오른다. 앞뒤가 없는 이 떡은 신을 달래는 의미로 둥글납작하게 만든다.

이날, 행사가 끝나고 나서 관객들은 온기가 남아있는 고기와 돗죽, 돌레 떡도 푸짐하게 먹을 수 있었다. 돗죽은 돼지고기를 삶은 육수에 모자반과 쌀, 고기와 내장 등을 넣어 끓인 죽인데 맛이 일품이다.

우리 집도 돗제를 지낸 적이 여러 번 있다. 보통 오후에 했다. 무당은 한두 시간 전에 오는데 몇 명의 악사도 따라온다. 그러면 분위기는 사뭇 경건해진다. 말은 조용조용히 해야 하고, 걸음은 사뿐사뿐 걸어야 한다. 이울어 가는 햇빛과 어머니의 분주한 몸놀림이 주던 정서를 지금도 잊을 수 없다.

부엌에는 친척 몇 분이 장작을 때고 있다. 매캐한 연기에는 잘 익은 고기 냄새가 배어 있다. '저 많은 고기도 금방 사라져버리겠지.' 아쉬운 마음이 든다.

학교에서는 '가정의례준칙'이라는 단어를 앞세워 무당 부르는 일을 하지 못하도록 교육했다. 그래서인지 어린 마음에 어른들 돗제 지내는 것이 헛일처럼 보였다. 제물로 바칠 돼지는 일 년 가까이 길러야 한다. 돼지 한 마리 값은 얼마나 큰 돈인가.

온 가족이 부정한 것을 보지 말아야 하고, 먹지도 말아야 한다. 이것을 '정성 들인다'라고 표현했다. 삼사일 전부터는 대문에 왼새끼로 꼰 금줄을 치고 몸과 마음을 정히 가져야 한다.

돗제는 무당이 집으로 들어서며 금줄을 걷어치우는 것으로 시작된다. 그러면 마음을 동여맸던 밧줄이 시원하게 풀어지는 것 같은 해방감을 느꼈다.

무당은 마루 한쪽에 앉아 다라니를 가위로 오린다. 나중에 불에 사를 것이다. 그러는 동안 우리는 가까운 집들을 방문한다. "오늘 우리 집에 돗제 하는 날이니 오세요."라는 초대의 말을 하러 다니는 것이다. 제가 끝나고 동네 사람이 오면 고기와 돗죽을 대접한다. 오지 못한 집은 음식을 나누었다.

드디어 징 소리가 났다. 큰 쟁반에 고기를 부위별로 진설하고 신을 부른다. 무당의 타령이 시작된 것이다. 중간에 '할마님 즈손'이라는 말이 나오길 기다린다. 다음에는 우리 집 주소, 식구의 이름이 불린다. 어디에 사는 누가 제를 올리는 것이라고 아뢰는 것이다.

돗제가 끝나갈 무렵, 무당은 제물로 올린 양푼의 쌀을 손가락으로 집어 톡 뿌린다. 남은 쌀알을 손바닥에 올려놓고 앞으로의 길흉을 알려준다. 우리는 점괘를 받는 이때를 무척이나 기다렸다. 가장 중요한 순간이다. 흰 수건을 쓰고 공손히 앉아 있는 어머니 모습은 두려워하는 것도 같았고, 아부하는 것도 같았다. 하지만 내용은 별다른 게 없다. 기껏 해봐야 도둑 조심하라거나 서쪽으로 움직이지 말라는 등의 얘기다. 예지력이 있는 이에게서 듣는 얘기치곤 특별한 게 아니다. '내 그럴 줄 알았지.' 생각하며 이내 실망하고 만다. 그런데도 어머니께선 무당이 잠깐 비춘 말에 벌써 현혹되었다.

"세상에, 작년에 걱정거리 있었다고 하는 것 봐라. 어떻게 그런 걸 다 알지? 정말 잘 알아맞히는구나." 하며 놀라워하신다. 농사를 지으며 자식 넷을 키우는 어머니에게 걱정거리가 없는 날은 거의 없다. 하다못해 비가 많이 와도 걱정, 적게 와도 걱정이었다. 며칠 동안 점괘가 어떻게 나왔는지 궁금한 동네 아낙들의 발길이 이어질 것이다.

무당은 제에 올렸던 돈과 크게 토막을 낸 고기를 들고 돌아갔다. 동네 어른들 대접을 끝내고 나니 고기는 어느새 조금밖에 남지 않았다.

솥의 돗죽도 바닥을 드러내었다. 슬며시 심술이 났다. 누구라도 들으라는 듯 투덜거렸다.

"아기 무당이라 그런지 뭔가 좀 부족하더라. 아직 타령도 다 외우지 못했던데." 그날은 그녀가 세습무가 된 후 우리 집에서는 처음으로 제를 지낸 날이었다. 어머니의 얼굴은 사색이 되었다. "이거 무슨 부정 타는 소리고." 무척 노하신 모습이다. 하지만 벼르던 일을 무사히 끝내고 나서인지 꾹 참는 표정이 역력하다. 죄송한 마음에 고개를 숙이고 자리를 뜬다. 빈 그릇이 가득한 설거지통 쪽으로 걸음을 옮긴다.

원래 돗제는 마을 사람이 모여 본향당에서 지냈다. 4·3 사건이 나고부터 각자의 집에서 지내게 되었다고 한다. 그러니 그곳의 신목神木이나 주변을 얼마나 신성시했는지 모른다. 고개 들어 바로 보지도 못했던 곳이다. 어릴 때부터 여간 주의를 받지 않아 아직도 본향당을 지날 때면 나도 모르게 몸가짐을 바로 하게 된다.

큰 아이가 어렸을 때였다. 며칠간 열이 내리지 않았다. 해열제도 크게 도움이 되지 않았다. 나의 원초적 정서는 어머니여서 그랬을까. '제물을 차려 당에 다녀와야 하나.' 하는 생각이 들었다. 어릴 때는 그렇게 싫어했던 일인데 나도 모르게 그런 마음이 든 것이다.

그때 알았다. 병원도 약도 흔하지 않은 시절, 천지신명께 비는 마음으로 사 형제를 키웠을 어머니의 심정을…. 그리고 당신의 신앙을 존중해드리지 못하고 얕잡아 본 것을 아프게 반성했다.

나이가 들어감에 따라 옛날 풍속이 귀하게 느껴진다. 미신행위에 늘 반감을 품던 내게 어머니께서 하시던 말씀이 있다.

"그렇게 정성 들이니까, 요 만큼이라도 사는 거여."

part 4

고향집 눌할망

눌할망 또는 밧칠성이라 부른다. 울타리 안 아늑한 장소에 돌을 두단 정도 쌓고 주젱이(짚주거리)로 덮는다. 언젠가부터 돌은 블록으로, 지붕은 슬레이트로 바뀌었다. 부와 장수를 기원하는 안주인의 신앙이다. 어머니를 보며 나는 절대 미신 행위를 하지 않겠노라 다짐하며 자랐다. 나이 들어서야 학교에서의 가르침을 맹신하여 어머니의 신앙을 존중해드리지 못하고 얕잡아본 것을 아프게 반성하고 있다.

고향집 눌할망

누구에게나 아끼는 것이 있기 마련이다. 손때 묻은 살림살이거나 보석과 같이 값진 물건일 수도 있다. 내게도 그런 것이 있다. 닦아도 지워지지 않는 오래된 얼룩처럼 도무지 사라지지 않고 더욱 명료해지는 것.

지치고 힘든 시간 속에 인간이 주는 어떤 것으로도 위로가 되지 못할 때, 잠시 눈을 감고 고향의 바닷가 오목한 자리에 지친 내 영혼을 부려놓는다. 그러고 나서 이젠 돌아갈 수 없는 어린 시절의 달콤한 추억을 한 입 베어 문다. 그때의 아이들은 밭일을 끝내고 어두워야 돌아오는 부모님을 위해 보리밥을 지었고 겨울에는 씻을 물을 데워 놓아야 했다.

보리 베기가 한창이던 때 같다. 길가에는 사람 하나 없이 조용했고 집엔 나 혼자였다. 저녁밥을 짓고 나서 국에 넣을 된장을 뜨러 뒤란으로 갔다. 그날따라 장독대의 항아리들이 낯설게 느껴졌다. 주위를 둘러 보니 언제나처럼 눌할망이 있고 옆에는 잘 자란 깻잎들이 살랑거린다.

밧칠성이라고도 부르는 눌할망은 안주인의 신앙으로 가정의 안녕과 풍요를 관장하는 신이다. 뒤뜰에 돌을 두세 단 두르고 그 안에 오곡의 씨앗과 명주실 등을 넣는다. 주젱이*라고 부르는 띠로 엮은 것을 그 위에 덮었다. 작은항아리 크기다.

다른 집들은 개명開明 바람이 불어 눌할망이 있던 자리까지 없애버렸고 무당 청하는 일을 하지 않았다. 그런데도 어머니는 주젱이를 새로 만들어 덮으며 제를 지냈다. 끝나면 무당에게 쌀밥과 과일, 게다가 돈까지 바쳤다. 조왕제까지 지냈는데 그런 게 늘 못마땅했다.

"무당이 푸닥거리 하지 않아도 다른 집은 잘만 삽디다. 뭣 하러 심방 빌어당 이런 거 햄수과." 하면 "이런 공이라도 들인 덕에 영 살암쩌.(이렇게 살고 있는 것이여.) 부정 탄다, 속솜허라.**"하며 역정을 내셨다.

제사나 명절 때도 안칠성인 고팡할망***을 위해 제물을 올려서 대접했다. 어머니의 그런 모습을 보며 절대 미신행위를 하지 않겠노라고 다짐하며 자랐다.

뒤란의 된장 항아리는 너무 커서 작은 항아리를 엎어놓고 그 위를 밟아 된장을 떠야 했다. 아홉 살 작은 발이 항아리 위에서 발발 떨렸다. 하마 그 속으로 떨어져 된장 범벅이 될 뻔한 적도 있었다. 그날은 누가 떠서 건네주기라도 하는 것처럼 능숙하게 해냈다. 무슨 생각에서 그랬

---

* 주젱이: 짚주저리의 제주어

** 속솜허라: 조용히 해라

*** 고팡할망: 광(곡식)을 관장하는 신

을까, 어린 나는 된장 항아리를 눕혔다 일으켜 세워 보고 싶었다. 아니, 완전히 눕히지는 못해도 살짝 기울여 내게 굴복시킨 다음, 흐뭇한 마음으로 다시 제자리에 놓고 싶었는지 모른다. 항아리를 잡은 두 손에 힘을 주어 잡아당겼다. 꼼짝도 하지 않았다. 두 번째 힘을 줄 때는 더 세게 당겼다. 조금씩 움직이는가 싶더니 조금 더 힘을 주는 순간, 순식간에 앞으로 넘어지면서 폭삭 깨져 버렸다.

"허, 이 일을 어쩌지?"

항아리가 몸까지 부숴가며 굴복을 했건만 내가 바란 건 이게 아니었다. 다행히 다치진 않았지만, 발목부터 온통 된장투성이였다. 낙담하여 고개를 드니 눌할망이 지켜보고 있었다.

'눌할망! 나가 할망 싫어해 부난 장항(된장 항아리) 깨지게 해수과. 우리 어멍이 곤밥에 메역(미역) 파랗게 데치고 콩나물까지 무쳐서 제 지내는디 경허므로사(그렇기로서니) 장항을 깨지게 헙니까. 난 이제 어떵허랜 말이우꽈'.

어린 마음에도 노할까 두려워 소리 내어 말은 못 하고 속으로 모든 원망을 눌할망에게 돌렸다. 인간의 생사여탈을 쥐고 있으면 항아리를 더 넘어지지 않게 해야 하지 않은가. 내가 힘을 주며 받칠 때 같이 밀어내 세웠어야 했다. 그까짓 것도 못 하면서 꼬박꼬박 쌀밥에 나물을 받아먹는가 말이다. 그것도 비싼 무당 불러다 요령 소리를 내며 제를 지내주는데 된장 항아리 하나 세워 주지 못하다니, 에잇!

눌할망을 미워했던 것은 그 속으로 뱀이 들어가는 것을 본 후부터다. 그 생각만 하면 오만 정이 다 떨어지는데 어머니는 꼭 그 부근에 깻잎을 심어서 여름마다 곤혹스럽게 했다.

혼이 나간 상태에서 본 깨진 항아리 조각에서는 비애가 느껴졌다. 눈물범벅이 된 채 공동 수돗가로 향했다. 발과 함께 떨리는 가슴까지 씻어냈다.

그날도 부모님은 어두워질 때까지 밭에서 돌아오지 않았다. 동생을 데리고 늘 가던 '자자기 터'라는 곳까지 갔다. 그곳은 컴컴한 소나무밭이다. 전에도 무서워서 더는 가지 못했던 곳이다. 그러나 그날은 세 살 아래 남동생 손을 잡고 밭 가까이 갔다. 왠지 그래야 할 것 같았다. 깜깜한 밤에 숲을 지나야 하는 무서움으로 그 일이 없던 것으로 된다면야.

길에서 집으로 돌아오는 부모님을 만난 우리는 펑펑 울었다. 동생은 무섭다가 어머니를 만나서 울었을 것이고, 나는 무서움과 깨진 항아리 때문에 더 서럽게 울었다. 밤색 말이 끄는 달구지에 아버지가 나를 번쩍 들어 올려 어머니 옆에 앉혀 주셨다. 동생은 아버지 옆에 앉았다. 경쾌하게 울리는 말발굽 소리 따라 고개를 흔들며 박자를 맞추고 싶었던 평소의 마음은 이미 사라졌다. 타고 싶었던 마차를 탄 재미도 전혀 느낄 수 없었다.

집으로 돌아와서는 입을 다물었고, 그 후의 기억은 없다. 다시 재잘거리는 소녀로 돌아왔다. 다만 몇 날 며칠을 아버지께선 축구 경기하는 아이들이 공 주우러 왔다가 항아리 깨뜨렸다고 동네 남자아이들을 노려보곤 했다. 그때마다 나는 수긋해져서 누가 시키지 않아도 공동 수돗가에서 물을 길어다 부엌의 물 항아리를 가득 채워 놓았다.

어머니의 살림살이 중에 가장 크고 좋은 항아리는 깨져 버렸다. 버리기가 아까웠는지 아랫부분만 남은 항아리는 오랫동안 그곳에 놓여 있었다. 여름엔 빗물을 가득 채워 장구벌레를 키웠고 겨울엔 흰 눈을 머금고 있었다. 옆의 눌할망도 그 모습을 지그시 바라보고 있었다.

이제 어머니는 집에 안 계시고 장독대는 윤기를 잃었다. 눌할망도 퇴락한 모습이다. 엮어서 덮어놓은 주젱이도 다 삭았다. 둘러친 돌담 몇 개만 아직도 그대로다. 언젠가 광에 들어가 돌보는 이 없게 된 항아리 뚜껑을 열어 보았다. 지금은 생산되지 않는 물비누와 돌처럼 굳어버린 가루비누들이 그 속을 채우고 있었다. 오래전에 시간이 멈춘 물건들을 꺼내며 흐르는 눈물을 주체할 수 없었다. 어린 시절 잊지 못하는 기억 저편의 한순간들이 주저리주저리 딸려 나왔다. 나도 모르게 눌할망에게 눈길이 갔다. 조왕제를 지낼 때마다 읊던 무당의 설운 애기로 시작되는 본풀이가 들려오는 듯했다.

"설운 애기야, 슬퍼 마라. 우주의 모든 피조물은 흥망성쇠가 있나니, 꽃은 피고 지고 젊은이는 늙어 지하로 내려간다. 이 모두가 하나의 순리가 아니겠느냐."

고개를 들었다. 어디선가 낯선 바람이 불어왔다. 눌할망 옆 깻잎 무더기 사이로 된장 범벅이 된 어린 소녀가 얼핏 보이는 것 같았다.

너의 페미니즘

너는 중성이다. 적어도 내 기억엔 그래. 학생 때부터 널 좋아했다. 사랑한 게 아니고 좋아했어. 바지 주머니에 손을 넣고 건들거리는 듯 걷는 마초 같은 모습은 매력적이었지. 여성 옹호적인 발언들은 네가 어떤 사상과 철학을 가졌는지 충분히 느낄 수 있었어.

학급 H.R 시간에 너는 열정에 들뜬 정의의 용사처럼 보였어. 왜 반장은 남자만 뽑는 거냐는 너의 항의에 선생님은 당황해하며 늘 그래 왔다고 우물쭈물 대답을 삼켰지. 소신 있는 발언을 하는 네가 동성이 아니었으면 했어. 멋있었고 남달랐으니까 말이야.

여고생이 되고 나서 네가 문학을 좋아하는 페미니스트인 걸 알고부터 내 마음은 자주 너에게 담 넘어가곤 했지. 졸업하고 몇 년 후, 오랜만에 만난 나에게 담담하게 이혼을 알리는 너는 초연했어. 결혼 사흘 만에 폭행하는 남자와는 살 수 없다는 결론을 내리고 집으로 왔다고 했어. 결혼해야 사람 구실 할 수 있는 사회와 네 명이나 되는 오빠들 체면 때문에 결혼하지 않을 수 없었다고 했지. 그때 너는 "한번 결혼해 줬으니 이제 더는 결혼에 대한 이야기를 하지 말라."고 가족에게 선언했지.

구약성서 시대부터 여성의 인권이 최고조에 달했다는 지금까지 여자를 자신의 동반자로 소중하게 생각하는 멋진 남자는 드문 것 같아.

오래전 읽었던 책을 다시 집어 들었어. 막심 고리키의 《어린 시절》이야. 러시아 하층민의 생활을 사실적으로 묘사한 책이지. 남편이 아내를 때려서 며칠을 앓다 아내가 죽었다는 구절이 있거든. 한데도 그 정도는 볼셰비키 혁명으로 무너진 제정러시아 시대엔 법의 심판도 받지 않았던 것 같아. 주인공의 외할아버지가 외할머니를 때린 날 외할머니는 "오, 못난 사람."이라고 하지. 이 구절을 읽으면서 네 입에서도 이 말이 나왔던 기억이 났어.

"네 남편은 어떤 사람이었어?"

"못난 사람."

넌 이 한마디로 정의했지만 네 남편에게 몇 달간 시간을 좀 줘 봤으면 어땠을까 하는 아쉬움이 남았어. 왜냐하면, 네가 결혼을 결심할 정도면 어느 정도 봐줄 만한 남자였지 않았나 하는 생각이 들더라.

한국 근현대 소설은 어떨까? 예의 그 못난 사람이 수두룩해. 현진건의 〈운수 좋은 날〉만 해도 그래. 그 소설에 나온 여자는 이름이 없어. 아내는 쫄쫄 굶다가 쌀이 생기자 밥을 많이 먹고 체해서 죽지. 이 이름도 없는 불쌍한 여인네의 죽음에는 아무도 관심을 가지지 않아. 모두가 관심을 가지는 역은 늙고 능력 없는 가난한 인력거꾼 김 첨지야.

설렁탕 먹는 것이 소원인 김 첨지의 아내는 자기 죽음을 예상했던지 오늘은 일 나가지 말라고 부탁하지. 하지만 그는 욕을 해대며 그 말을 무시하고 일하러 나가. 유난히 운수 좋게 돈을 많이 번 그날, 집으로 돌아와 아내가 죽은 것을 확인하지. 아내의 죽은 몸을 몹시 차며 설렁탕을 사 왔는데 왜 먹질 못하느냐며 울어. 국어 선생님은 김 첨지가 시대상을 반영한 남성이며, 아내를 누구보다 사랑하고 아끼는 사람이라고 했어. 하지만 글 어디에도 김 첨지가 정말 아내를 사랑했는지 알 수 있는 부분은 없어. 죽은 아내를 끌어안고 애도하는 모습에서 우리는 진정한 사랑을 느껴야 한다고 배웠지.

독자들이 이미 죽은 아내에게 김 첨지가 한 욕설과 발로 차는 행위 등을 지적하고 싶어도 작가는 그를 '아내 잃은 불쌍한 홀아비'로 만들어 버려 그조차 하지 못하게 만든다고 네가 투덜거렸던 생각이 나.

언젠가 내가 여성의 메이크업에서 패션까지 '꾸밈노동'이라고 칭한다는 말을 한 적 있지. 어떤 영화관은 여성 직원이 빨간색 립스틱을 바르지 않으면 페널티를 줘. 용모가 단정하지 않다는 것이 그 이유야. 여성은 기업의 이미지를 위해 일찍 일어나 화장과 꾸밈을 해야 하는 거지. 누구도 그에 대해 수당을 주거나 칭찬해 주지 않아. TV 홈 쇼핑을 봐. 얼마나 많은 여성의 꾸밈 용품으로 가득한지 말이야.

페미니스트는 남성 혐오주의자라는 잘못된 생각을 하는 사람도 꽤 있더라. 단순히 젠더를 가르고 남성을 폄하하려는 것이 아니라는 건 그들이 잘 알고 있을 거야. 다만 뉴스를 장식하는 많은 여성의 희생이 얼마나 세상을 무너지게 하는지 생각해 보고 싶었어. 예컨대, 왜 남녀는 보리밭에 부는 바람을 함께 오래도록 향유하지 못하는가에 대한 고민이라고 해 두자.

그렇다면 약자인 여성이 세상을 구원할 수 없을까. 부드럽고 연약하기만 한 여성성을 무기로 세상을 변화시킬 수 있을까. 많은 문학작품은 그런 물음에 긍정적인 대답을 내놓고 있지.

고전을 읽어 보면 여성성으로 인해 구원받는 이들이 많아. 도스토옙스키의 《죄와 벌》에서 라스콜리니코프를 회개시키고 구원으로 이끄는 소냐는 거리의 여자야. 시베리아로 유형 간 그 옆에 그녀가 나타나지. 그의 오만했던 영혼은 소냐의 순수한 영혼에 의해 구원된다는 내용이야.

또 다른 작품 괴테의 《파우스트》에서도 마찬가지야. 자신의 영혼을 악마 메피스토에게 팔아 젊음을 되찾은 그는 많은 악행 끝에 죽음을 맞이해. 결국 파우스트는 메피스토의 손에서 벗어나 그레트헨의 인도를 받아 하늘로 승천하게 되지. 어쩌면 댄 브라운의 《다빈치 코드》에서 암시한 것처럼 여성성이야말로 인류를 구원할 성배가 아닐까 하는 생각을 해 본다.

여성이 행복한 예술을 본 적이 있는지? 이제 그런 예술이 나올 때도 되지 않았나 하는 희망을 가져 본다.

목 빼고 그런 예술을 기다려 보자. 그러려면 오래 살아야겠지?

구렁 밖 세상

적막한 밤에 아무도 없는 곳에서 묘지를 보고 있다. 가로등이 희미하게 비치는 묘를 보는 느낌은 기괴하다. 가운데 움푹 파인 곳은 관이 놓였던 자리이다. 저 속에 시신이 들어 있었겠지. 으스스한 기분에 빨리 자리를 뜨고 싶다. 하지만 두려움에 정면으로 맞서는 내가 대견스럽다. 무서움을 누르며 좀 더 가까이 다가가 본다. 왜 흙을 파 놓았을까. 엊그제 이장한 것 같이 너무 사실적이다. 현무암의 산담 구멍마다 망자의 혼이 스며든 것 같아 손을 짚지도 못하겠다. 무덤을 지키는 동자석도 침묵 속에 앞만 바라보고 있다.

사람들의 왕래가 끊긴 시각에 집 근처 박물관에 와 있다. 제주도 여러 형태의 묘를 옮겨와 재현해 놓은 야외 전시장이다. 낮에 볼 때와는 분위기가 사뭇 다르다. 역시 망자와 관련된 것을 밤에 보는 것은 기분이 좋지 않다.

두려움이 많은 편이다. 오십 평생 제주시에서 한라산을 가로질러 서귀포까지 운전해서 가 본 것이 두세 번 정도다. 어두우면 집 밖에 잘 나가지도 않는다. 그러니 밤의 세상은 어떤 모습을 하고 있는지 잘 모른다. 그야말로 이불 밖은 위험하다고 생각하며 살았다.

나이가 들면서 이런 내가 한심하게 느껴졌다. '언제까지 이렇게 살 것인가?'라는 물음에 봉착하게 되었다. 그래서 위험하게 살아보자, 가보지 않은 곳에 가 보고 해보지 않은 일을 해보자고 결심했다.

집 인근에는 박물관과 도서관 등이 있어서 나무가 울창하다. 이곳으로 이사 온 지 5년이 넘어가는데 밤에 와 본 적이 없다. 위험하게 살기로 마음먹은 첫날, 어떤 것에 도전해 볼까 궁리했다. 밤 9시쯤 박물관에 가 보기로 했다. 도서관에서 나오는 젊은이들도 가로질러 가는 곳이기도 해서 괜찮을 줄 알았다. 한데 와보니 아무도 없다. 키 큰 나무들만 수런거리고 주차장도 텅 비어 있다. 되도록 어두운 데로 가 보자고 해서 온 게 이곳이다.

내가 두려워하는 대상은 무엇인가. '죽은 사람은 무섭고 산 사람은 무섭지 않은가.' 하는 생각에 이르자 팽팽했던 혈관이 제 자리를 찾는 것 같다. 그런데도 맞은편에 나무들이 많은 컴컴한 곳에서 누군가가 나를 주시하고 있을 것만 같다.

얼마 전에 비행기 옆자리에 앉은 여성과 인사하게 되었다. 그녀는 제주에 혼자 여행 오는 길이었다. 어머니를 모시기 위해 사회복지학 공부를 했다고 한다. 나도 아이들 키우고 일하면서 문예창작학과를 졸업했다고 하니 대단하다고 치켜세워 준다. 문학 공부에 도전하고 졸업한 것에 대해 용감하다며 칭찬을 아끼지 않는다. 용감함하고는 거리가 먼 나에게 그런 장점이 있다는 걸 새롭게 안 날이었다.

어려서부터 무서움을 잘 탔다. 마을에서 멀리 떨어진 바닷가, 비가 오는 날이면 귀신이 나온다는 곳에 수풀이 우거진 깊고 넓은 구렁이 있다. 빗물이 고이는 곳에 봄이 되면 향기로운 미나리가 자란다. 또한 뱀도 많다는 말을 들었던지라 한 번도 내려가지 않았다. 언니가 풀을 헤치고 들어가 미나리를 베어왔다. 저녁에 미나리 무침을 먹으며 '나는 왜 이렇게 나약할까.'를 한참 생각했다. 올레길이 된 그곳을 며칠 전에 걸었다. 키를 넘는 가시나무에 지레 겁을 먹고 내려가 보지 못하는 나를 또 한 번 바라봐야 했다.

박물관을 한 바퀴 돌고 집으로 오는데 깜짝 놀랄 만한 광경을 보았다. 키도 크지 않은 여린 몸피를 가진 여성이 뒷산 별도봉으로 양팔을 흔들며 운동을 하러 가는 게 아닌가. 내가 잘못 봤나 싶어 목을 늘여 다시 확인했다. 밤 열 시가 다 돼 가는 시간에 혼자서 성큼성큼 걸어가는 모습에 눈이 휘둥그레졌다. 위험이나 두려움에 나름 한 발 도전했다는 혼자만의 기쁨이 깡그리 묵살되는 순간이었다. 미나리 무침을 먹었던 옛날의 저녁이 생각났다. '난 왜 이리도 나약한가.'

하지만 천 리 길도 한 걸음부터라고 마음을 다잡았다. 용기 있는 사람은 두려움을 느끼지 않는 사람이 아니라 두려움을 이기는 사람이다. 모든 사람에게 두려움은 있다. 어떤 사람은 이겨내고 어떤 사람은 두려움에 먹힌다. 먹히지 않기 위해선 깨어 있어야 한다. 도전하지 못하고 바라만 보아야 하는 깊은 구렁은 누구에게나 존재한다.

십여 년 전, 내 일생 마지막 순간에 가장 후회할 일이 무엇일까를 생각한 적이 있다. 그것은 문학 공부에 도전해 보지 않은 것이었다. 가족들도 그런 나의 마음을 잘 알고 있었다. 그러면서 이왕 할 거면 교육부가 인정한 사이버대학교 문예창작학과에 입학하라고 권했다.

큰아이가 고등학생일 때 나도 대학 공부를 시작하게 되었다. 그렇게 원하던 문학을 공부하면 행복할 줄 알았다. 하지만 버거울 때가 많았다. 과목마다 수시로 작품을 제출해야 해서 따라가기 바빴다. 반면에 즐거움도 있었다. 소쉬르와 라캉, 쉬클롭스키 등 비평이론을 배울 때는 새로운 피를 수혈받는 듯한 기쁨을 느끼기도 했다. 가장 깊은 희열을 느낀 텍스트는 부조리극인 사무엘 베케트의 《고도를 기다리며》를 수강할 때였다. '그래, 내가 갈증을 느끼던 게 바로 이런 것이었어.'라는 말이 절로 나왔다. 잘 모르는 게 있으면 새벽 서너 시까지 되풀이해 강의를 들었다. 늘 잠이 모자랐다.

제주와 서울 두 곳의 사업체와 세 아이의 교육 등 많은 장애물이 막아섰지만 육 년 동안 길을 내어 정복했다. 문학 공부로 졸업을 하다니, 감개무량했다. 수백 명의 졸업생 중에 내가 졸업생 대표로 뽑혔다. 존경하는 총장님과 함께 단상에 앉는 영광도 누렸다. 구렁을 정복한 대가는 크고 달콤하고 여운도 길었다.

혼자만의 여행이나 밤에 집 밖에 잘 나가지 못하는 것, 이것은 나에게 또 하나의 거대한 구렁이다. 하지만 세상으로 한 걸음씩 나갈 것이다. 아무것도 하지 않으면 아무것도 될 수 없다.

두 주먹을 불끈 쥐며 기합을 넣는다. 나는 강하다. 이불 밖은 위험하지 않다.

고가구 님들, ᄒᆞᆫ저옵서예

드디어 오셨다. 고가구 님들이. 트럭 타고 가더니 트럭 타고 오셨다. 한 점 한 점 거실로 옮길 때마다 어느 자리에 놓아야 할지 안절부절못하면서도 마냥 설레었다. 세 칸짜리 궤 문갑과 큰 뒤주, 그리고 넓고 긴 찻상이 우리 집에 왔다.

30년 전, 백여 년 된 집을 허물었을 때 마룻장이며 기둥, 옛날 문짝까지 창고에 잘 갈무리해 둔 게 있었다. 좀 슬어 쓸 수 없는 나무도 있었지만, 고가구를 만드는 장인은 "이런 고재는 구하기 어렵다."면서 몇 번씩이나 손으로 쓸어 보고 끌로 깎아 보기도 하였다. 요즘 만드는 고가구는 옛날 나무 구하기가 어려워 무늬가 곱다는 외국산 나무를 써서 만든다며 '고재'라는 말을 썼다.

오랫동안 의논한 끝에 세 점을 만들기로 했다. 완성품은 한 달 후에 받기로 한 것이 오늘 도착한 것이다. 장인의 수공비로 수백만 원까지 지불했으니 그만한 가치를 셈에 넣었음은 말할 것도 없다.

"찻상은 나무가 좋아서 지금 팔아도 이 정도는 충분히 받습니다."

묻지도 않았는데 장인은 손가락 몇 개를 자랑스레 펴든다. 수공비를 많이 받은 데 대한 무안함의 표시일까. 오래된 먼지를 털어내고 마음에 쏙 드는 가구를 만들어 준 이에게 감사한 마음으로 대금을 기꺼이 내주었다.

궤 문갑 위에는 텔레비전을 올려놓았고 뒤주는 거실 한구석에 앉혔더니 자리가 제법 잡혔다. 며칠이 지나도 놓인 자리가 생소하거나 낯설지 않아 볼 때마다 정겹다.

허물어 버린 집은 시조부님 때부터 남편의 어린 시절까지 녹아 있는 집이다. 가족이 늘면서 시부모님은 일찍이 맞은편에 이문간과 쇠막(외양간)이 딸린 새집을 지어 살고 계셨다. 남에게 빌려주던 것을 우리가 결혼하면서 대수선을 했다.

가장 애착이 가는 찻상은 상방문 한 짝을 통째로 썼다. 옛집은 먼문간(대문)을 지나 상방문을 열고 마루로 들어서는 구조였다. 못도 들어가지 않는 단단한 나무라 매우 무겁지만 그만큼 고급 목재다. 자귀로 곱게 다듬은 흔적에 자꾸만 눈길이 간다. 한라산 어디쯤에서 자랐을까. 살짝 뒤틀린 나무는 세월의 흐름을 가슴으로 세었던 것 같다. 깎이고 파인 모습이 풍상 혹독히 겪은 과부의 얼굴 같다.

아주 오래전, 이 가시낭은 한라산 산신의 자비로운 마음과 발달하는 북태평양 고기압의 영향을 받아 싹이 났을 것이다. 한여름 땡볕에도 아랑곳없는 품새에 주변의 나무들도 긴장하지 않았을까.

백 년 넘게 자라는 동안 한라산 삭풍은 나무를 쇠처럼 만들어 못 하나 용납 못 하게 훈육하였다. 마치 오랫동안 무예를 연마한 천하무적의 용사처럼…. 그런 통나무를 잘라내어 힘든 톱질을 한 이는 누구였을까?

“이 낭 끈차 보라.(이 나무 베어 봐라.) 그 톱, 잘도 노 실어라.(그 톱, 무척 날이 서 있다.)”

“아방은 큰 아덜 셔둠서 나 돌앙 옵데가?(아버진 큰아들 있으면서 저 데려오셨어요?)”

“낭 웽기는(나무 옮기는) 일도 경 쉬운 일이 아닌디, 나 혼자 다 해지크냐.(할 수 있겠느냐.) 일성은 아이 일, 먹굿은 밭 갈 쉐 ᄀᆞ치 ᄒᆞ지 말앙.(일하는 솜씨는 어린아이, 먹성은 황소처럼 하지 말고.)”

“나도 장개 가믄 큰 집 지어 줄 거우꽈?”

“ᄒᆞ는 거 봥. (하는 거 봐서.)”

어느 부자, 낑낑거리며 나무를 옮기고 수레에 실어 산에서 내려오는 모습이 보이는 것 같다.

오랜 세월이 흐른 후에 그들이 켠 나무가 고풍스러운 찻상이 되리라고 생각이나 했을까? 자귀로 깎아 낸 흔적이 보이고 기둥에 묶으려고 했는지 손가락 하나 들어갈 만한 구멍이 두 개가 나 있다. 좀이 슬어 구멍마다 가족들의 숨소리가 스며있을 것 같은 네 개의 다리는 문지방이었던 것을 썼다.

찻상을 손으로 쓸어 본다. 반들반들 닳은 게 애잔하다. 수박 농사로 모은 종잣돈을 키워 그 집을 장만하던 날, 맨 처음 누가 상방문을 열고 들어갔을까. 겨울날의 고된 밭일을 마친 시린 손으로 그 문을 열며 자식들 이름을 불렀을 것이다.

찻상은 유난히 심한 산고를 겪은 시어머니의 진통과 큰아들인 남편의 첫울음을 머금고 있다. 그리고 마치 제 손으로 사내아이를 빚어내기라도 한 양 아들이라고 알려주는 산파의 의기양양한 목소리도 기억하고 있을 것이다. 개구리를 잡고 도토리를 따던 살갗 흰 소년이 숨차게 달려와 열었을 문, 시조부님의 급박했던 절명의 순간에 이 문은 숨죽여 미동도 하지 않았을 테다.

백 년도 못 살면서 천 년의 근심을 안고 살아가는 사람들 모습을 나무에 비춰 본다. 나는 한 번도 인생을 손아귀에 틀어쥐고 살지 못했다. 길은 뿌연 안개에 가려져 있었고 꽃은 늘 벼랑에 피어 있었다. 가톨릭의 장엄한 혼배성사 때 "은총과 축복을 풍성히 주겠노라." 하던 신은 당신의 계약을 잊은 것 같았다.

오래전, 내 가슴엔 '문학'이라는 솔 씨 하나가 뿌리를 내렸고 그것은 낮은음으로 늘 노래를 들려주었다. 솔 심어 정자라, 낙락장송의 꿈을 키웠다. 심연의 바다에서도 그것을 놓지 않으려고 날마다 그 길에 꽃을 꺾어 놓았다. 열매 없는 불면의 날들 속에 한 그루 외로운 소나무를 잘 키울 수 있을까.

수백 년간 온전히 자신의 몫을 다하고 있는 나무에 비하면 사람은 얼마나 미약한 존재인가. 나무로 백 년여를 성장하고, 그에 더하여 상방문으로 한 세기를 살아 낸 나무가 대단하게 느껴진다.

이제 남은 생은 고상한 찻상으로 새 걸음을 내딛는 축복 받은 귀한 나무여, 비록 소리 내어 존대는 못하지만 짧은 생의 희로애락에 장차 등 굽을 인간인 내가 어찌 '고가구 님'이라며 존대하지 않으리오.

이름 없는 영웅

벚꽃이 한창이다. 역병도 한창이다. 한 번도 겪어 보지 못한 일이라 낯설고 두렵다. 마스크 쓰기와 거리 두기 또한 피로감을 느끼게 한다. 하지만 나와 너를 생각하자면 피로감이 문제가 아니다. 잘못하면 목숨을 잃을 게 아닌가. 더구나 타인에게 영향을 준다면 여간 심각한 문제가 아니다.

세계는 풍랑의 바다에서 흔들리는 한배에 탄 운명이 되었다. 어떤 사람도 여기서 자유로울 수 없다. 병균은 부자나 가난한 자, 배운 자와 못 배운 자를 가리지 않는다. 이탈리아에서는 코로나19로 인한 사망자가 만 명이 넘었고 그 수는 점점 늘어나고 있다. 전쟁을 치른 것도 아닌데 너무 많은 희생자가 속출하였다. 마지막 순간조차 가족의 돌봄을 받지 못한 채 쓸쓸히 저세상으로 간 이들이 너무 많다. 심지어 장례식도 생략된 채 화장되는 것은 참으로 처참한 일이다.

성당이나 아이스링크까지 들어찬 관들을 보며 인간의 존엄함이라는 말은 얼마나 가벼운 것인가를 느꼈다. 세상은 휴지처럼 구겨진 이 상황을 어떻게 타개해 나갈 것인가. 절망 속에서도 희망을 노래하라는 현자의 가르침의 적절한 시각은 바로 지금이 아닐까.

3월 마지막 주 일요일, 완연한 봄기운 가운데 벚꽃이 만개한 사라봉을 걸었다. 가족 단위 상춘객이 많다. 유치원이나 학교도 폐쇄되어 그런지 어린이들도 꽤 보인다. 사라봉 가는 길목에 있는 국립제주박물관, 우당도서관 등 공공기관이 모두 문을 닫았다. 재난 영화 속에 들어와 있는 것 같다. 전쟁이 일어나면 이럴까. 너무나 생소하고 비현실적이어서 꿈을 꾸고 있는 것 같이 느껴진다. '임시 폐쇄'라는 안내문을 보는 마음은 혼란스럽다. 더불어 걱정도 된다. 도서관의 책도 반납하지 못한지 꽤 되었다. 전에는 아무렇지도 않았던 일상이 지금은 특별한 것이 되어 버렸다.

마주치는 사람들이 사라봉의 벚꽃보다 아름답고 곱다. 뚜벅뚜벅 혼자 걷는 사람, 아빠가 사진을 찍어 줄라치면 자동으로 V자를 그리는 앙증맞은 손가락의 주인공, 두런두런 얘기를 나누며 산책하는 이들이 참으로 정겹다. 재잘거리는 아이들 여럿을 보니 기분이 좀 나아졌다.

꽃잎이 흩날려 길바닥은 온통 꽃길이다. 고개를 들어 나무 위를 봐도 꽃, 아래를 봐도 꽃 세상이다. 그런데 코로나19로 세상은 얼룩져 있으니 안타깝기만 하다. 짙은 어둠을 몰고 들이닥친 거대한 파도는 언제쯤 잠잠해질 것인가.

프란치스코 교황은 3월 27일 코로나바이러스 사태로 텅 빈 바티칸의 성 베드로 광장에서 인류를 위한 특별 기도를 올렸다. 비 내리는 광장을 혼자 걸어가는 모습은 깊은 울림을 주었다. 전 세계 1,100만 명이 동시에 시청했다는 이 영상에서 교황은 "저희를 돌풍의 회오리 속에 버려두지 마소서."라고 기도했다. 짙은 어둠이 광장과 거리를 뒤덮었다며 비탄에 빠진 인류의 구원을 간절히 청했다. 그래서 치료에는 직업적, 국가적 질투가 없어야 한다고 강조했다. 이제 세계는 공동운명체가 되었다.

그는 또 하느님의 자비 주일 미사에서 전염병의 세계적 대유행에서 더디고 고된 회복을 기대하는 동안 뒤에 남겨진 사람들을 잊을 위험이 있다고 지적했다. 그것은 더 위험하고 나쁜 바이러스, 즉 이기적인 무관심에 부딪힐 수 있다는 점이다.

하루아침에 직장을 잃고 당장 살아갈 일이 걱정인 사람들을 기억하자는 말이다. 이들을 고독하게 버려두지 말고 연대하자는 이야기이다. 그러면서 기본소득이 시급한 사람들을 언급했다. 병자, 노인, 소작농, 비정규직 노동자, 영세자영업자 등을 일일이 불러내었다. 그들은 자본주의 시장경제의 언저리에 머물고 있어 열매를 기대하기 힘든 직업을 갖고 있다. 세계화의 풍요를 맛보지 못했던 이들이 코로나19 사태에서는 두 배로 가혹한 타격을 받고 있다. 어째서 가난한 사람은 예나 지금이나 소외되고 고통받아야 하는가.

14세기 유럽을 휩쓸었던 페스트는 5~6년간에 걸쳐 진행되었다. 의학이 발달한 현대는 예방약을 발견하는 데 그리 오래 걸리지는 않을 것이다. 문제는 병보다 굶어 죽는 경우가 많았다는 기록이다. 그 문구를 보면서 우려하지 않을 수 없다. 빈자들은 고난의 시간을 잘 견뎌야 한다.

미국의 한국 교민들은 생필품이 담긴 가방을 만들었다. 코로나19로 어려움에 처한 한인 교포를 돕기 위한 것이다. 그곳 주차장에 차가 빼곡하다. 차 안에서 트렁크를 열면 동포가 녹색바구니를 실어주고 운전석 창문을 통해서는 도시락과 커피를 전달한다. 어린아이 세 명을 태운 젊은 부부는 도시락 한 개를 더 받고서는 눈물을 흘리며 감사하다는 말을 남겼다. 그들에겐 절박한 한 끼였는지 모른다. 먹을 게 없어 배고파 우는 자녀들을 괴로운 심정으로 바라보다 이 소식을 듣고 먼 길을 온 것은 아닐까.

그곳엔 한국인만 온 게 아니다. "thank you."를 연발하는 흑인 가족도 있었다. 한국인 친구 덕에 도움을 받게 된 이방인의 가슴에 한국은 어떤 의미로 남을까. 녹색바구니에 눈시울을 적시게 한 교민 행사는 몇 시간에 걸쳐 진행되었다.

한쪽에서는 먹을 것을 구하지 못해 애가 타는데 한쪽에서는 우유를 하수구에 쏟아버려야만 하는 것을 보고 있노라면 가슴이 아리다. 애써 농사지은 과일과 채소도 버려지고 있지 않은가. 많은 식당이 문을 닫았다. 학교 급식도 하지 않으니 농작물을 트랙터로 갈아엎고 있다. 부모님이 농사를 지으셨기 때문에 농부의 심정을 짐작하기는 어렵지 않다.

기계를 돌리면 바로 제품이 생산되는 공산품과 달리 농작물은 오랜 시간이 필요하다. 파종하기 전부터 밭을 정리하고 밭갈이를 한다. 싹이 난 후에도 많은 정성과 노력을 들여야 식탁에 오른다. 다 자란 작물을 갈아엎는 것은 가슴을 후벼 파는 것만큼이나 피눈물 나는 일이다. 아, 이 아이러니를 어떻게 받아들여야 할지 도무지 모르겠다.

이런 상황에서 불만과 짜증은 아무런 도움이 되지 못한다. 자가격리 상태에서 훌륭한 모범을 보인 이들이 있다. 고사리손으로 마스크와 용돈을 기부한 어린이도 있었다. 몇 개의 마스크와 삐뚤빼뚤한 손편지는 얼마나 큰 감동을 주었던가. '영웅'은 미스터 트롯의 진을 차지한 사람의 이름만은 아니다. 선한 영향력으로 사회를 움직인 사람, 그가 바로 영웅이다. 대구로 달려간 많은 사람, 몸을 사리지 않는 현장의 의사와 간호사, 익명의 기부자 등 모두 이름 없는 진정한 영웅들이다.

죽음의 신음이 그치기를, 기쁨과 축하를 다시 누릴 수 있기를, 안부가 궁금했던 이와 얼굴을 마주 볼 수 있는 소박하고 평범한 일상으로 얼른 돌아갈 수 있기를 간절히 바란다.

러브 뱅크

할머니와의 만남이 시작된 것은 2001년부터이다. 푸드뱅크 봉사를 하던 때이다. 하얗게 센 머리카락, 팔과 다리엔 검버섯이 피었다. 오래된 초가집에 살았는데 84세의 노령이라 눈이 좀 어두워서 불편한 듯했다.

도시락을 전달하기 위해 집안에 들어서는 순간, 달려드는 고약한 오줌 지린내가 속을 확 뒤집는다. 강한 암모니아 냄새 사이에 뭐라 설명할 수 없는 냄새도 섞여 있다. 코에 달라붙어 평생 따라다닐 것 같다.

어린 시절, 어른들은 밤새 잡은 생선들을 바다의 넓은 바위나 동네 구석진 데서 말려 퇴비로 쓰기도 했다. 마당에 쌓아 놓았던 그때의 비릿하면서도 썩는 듯하던 바로 그 냄새 같다. 코를 관통하여 오장육부를 뒤흔들어 놓는다. 마루는 옛날 목재라 군데군데 썩어서 발을 헛디디면

빠지게 생겼다. 바닥이 흙으로 된 부엌은 마루보다 1m 정도나 깊다.

할머니께 인사를 드렸다. "할머니, 제가 밥 갖다 드릴게요." 하고 귀에 대고 크게 말씀드렸다. 아까부터 어디서 왔는지 궁금해하시던 할머니는 "아이고, 누군데 그런 좋은 일을 한다는 거라?" 하시며 손을 꼭 잡아주셨다.

한국복지재단에서는 제주 시내 학교 급식에서 남은 깨끗한 음식과 제과점 등에서 후원하는 빵으로 푸드뱅크 사업을 했다. 그런 말씀을 구구절절 다 해 드리기에는 귀까지 어두운 어르신께 무리인 것 같았다. 같이 갔던 재단 직원이 할머니께 "음식 가져오면 잘 잡수세요." 하고 말씀드렸다.

그때 이미 성당의 봉사활동 단체에 속해 있던 터였다. 매주 금요일에 독거노인 가정 여덟 곳에 도시락을 배달해 드렸다. 부피도 그리 크지 않고 무겁지도 않았지만 여러 집을 돌아다녀야 했다. 잠시 주차하는 것도 초보 운전자에겐 힘든 일이었다. 가족이 적극 응원해 주었다. 어느새 일 년이 지나고 이 년이 지났다.

그러던 어느 날, 남편이 "할머니 한 분이 계시는데 복지회관에서 음식을 좀 도움받을 수 없을까?" 한다.

"글쎄요. 부탁해 볼게요."

"오늘 알게 된 분인데 너무 안됐더라고. 한번 직원하고 의논해보지. 되도록 같이 방문해서 형편도 직접 보여 드리고…." 그렇게 해서 만나게 된 할머니이다. 그 후 도시락 배달은 더 바빠졌다. 할머니 댁은 자주 갖다 드리면 좋겠다는 직원의 말에 마음이 약해져서 주 4회 배달하겠다는 대답을 해 버렸다.

금요일 오전은 이미 하던 도시락 배달이 있었다. 오후엔 할머니 음식을 배달해야 하니 주말을 뺀 평일은 하루만 빼고 매일 나가야 했다. 몸살도 마음대로 앓지 못할 정도였다.

다섯 살이었던 막내딸은 엄마와 같이 다니길 좋아했다. 제주 시내에서 조금 떨어진 곳에 사시는 할머니께 자주 다녀와야 하는 내게 좋은 친구가 되어 주었다. 아직은 어린아이라 얘기하다가 차 안에서 잠이 들어 버리기도 했다. 태풍이 몰아치는 날에는 더는 운전하기가 두려워 차를 세워 비바람이 그치길 기다렸다. 평소에는 물 한 방울 흐르지 않던 계곡에 거대한 물줄기가 소용돌이치며 바다를 향해 질주하는 모습을 차 안에서 둘이 보기도 했다.

할머니는 뭔가 주고 싶지만 줄 게 없어서 안타깝다는 말을 자주 하셨다. 할머니의 마음을 충분히 알 수 있었고 마음만으로도 고마웠다. 고운 옷이라도 하나 사 드리고 싶었지만 나 또한 사정이 여의치 않았다.

그러던 6월 중순의 초여름 날이었다. 비가 추적추적 내려서 아이를 떼어 놓고 혼자 복지회관에 들러 비닐 가득 싸놓은 음식을 차에 싣고 할머니 댁으로 출발했다. 좁은 이 차선 도로 옆에 있는 돌담에 바싹 붙여 차를 세웠다. 마당엔 빨래가 비에 젖은 채 빨랫줄에 걸려 있었고 현관문은 열려 있었다. 거동이 불편해지면서 손자가 출근하며 점심을 차려 놓고 가곤 했다.

현관에 들어서니 뭔가 휙 하고 지나갔다. 그때까지만 해도 무엇인지 몰랐다. 할머니는 마루에 누워 있었다. 밥 가져왔다고 입을 여는 순간, 쥐들이 어르신 머리맡에서 동시에 사방으로 흩어져 도망가는 게 아닌가? 몇 마리는 몸을 타고 도망가는 녀석도 있다. 더 놀라운 일은 쥐들이

나온 곳이 다름 아닌 어제 갖다 드린 음식 비닐봉지 속이었다.

아! 그때의 참담함이란….

만물의 영장이라는 인간이 이렇게까지 비참해질 수 있을까? 아기를 가져 행복에 잠겼을 당신의 젊은 날을 생각해 보았다. 바라던 아들을 낳아 젖을 먹이며 행복에 잠겼을 어떤 날, 쌈을 싸서 귀여운 입에 넣어 주면 건강하게 잘 받아먹는 모습을 보며 흐뭇해하기도 했으리라. 하지만 이젠 힘없는 백발이 되어 쥐가 당신의 음식을 먹는 줄도 모르고, 몸을 타고 도망가도 어떻게 해보지 못하는 노인이 되어버렸다.

돌아오는 발길은 너무나 무거웠다. 집을 나오자 눈물이 쏟아져 차 안에서 한참을 울었다. 자녀들이 있어서 차상위계층에 해당하지 않는다는 시청 복지과 직원의 대답을 들은 지가 엊그제라 더욱 속상했다.

보건소에 들렀다. 독거노인 목욕 봉사를 신청해 놨는데, 갈 때마다 눈 여겨봐도 혜택을 못 받는 것 같았다. 직원에게 신청한 지가 언젠데 아직 목욕을 안 시켜주느냐고 물었다. 노인의 머리가 길다 지쳐 산발이 됐다고 목소리를 높였다. 그제야 아직 그쪽 동네는 시작하지 않았다고 심드렁하게 대답하는 것 아닌가. 그럼 언제부터 시작하느냐고 물었다. 모르겠단다. 그날따라 근무환경이 비교적 한가해 보였던 그 부서의 직원들이 그렇게 태만해 보일 수가 없었다.

푸드뱅크 복지회관에 들렀다. 오늘의 일을 얘기하고 다른 방법으로 도울 수 없는지를 물었다. 시설로 모시는 방법이 있으니 내일은 같이 가서 할머니의 의향을 알아보자고 한다.

다음날도 비는 내렸으나 직원과 함께 가는 길이라, 어제처럼 깊은 생각은 할 수 없었다. 할머니께서 어떤 대답을 하실지 궁금했다. 도착해서 여쭤보니 할머니의 대답은 이 집에서 살겠다고 한다.

어느 정도 짐작하고 있었지만 조금은 실망스러운 마음이었다. 왜냐하면, 이제 얼마 남지 않은 여생을 단 하루라도 누군가의 보살핌을 받으며 살기를 바라는 마음이 간절했기 때문이었다. 할머니께서는 그 와중에도 당신의 아드님을 걱정하는 말씀을 하셨다.

수많은 날을 원망 속에서 지냈을 법한데 도무지 그런 말씀은 한마디도 하지 않으셨다. 며칠 지나지 않아 음식을 줄여서 갖다 드려야 했다. 전날 갖다 드린 게 남아서 냄새가 나기도 했거니와, 애초부터 할머니의 부엌일을 줄여드리고픈 마음에 넉넉한 양을 배달했던 것이다.

그즈음 봉사활동에 한계를 느끼게 되었다. 할머니의 엉망인 집안과 파리가 앉은 그릇들, 더운 날씨에 봉지째 남아있는 음식들이 눈길을 붙잡았다. 하지만 손을 대지 못했다. 옷을 들치면 금방이라도 쥐가 튀어나올 것 같아 도무지 손을 댈 수가 없었다. 생각만 해도 진저리가 쳐지는 일이었다.

찜찜한 마음으로 뒤돌아 나오며 얼마나 자책했는지 모른다. '나도 똑같구나, 봉사는 한답시고 그 정도의 일도 못 하면서 도대체 누구를 욕할 수 있단 말인가? 한 발자국만 움직이면 널려진 옷을 가지런히 정리하고, 잘 보이지 않는 할머니를 위해 좀 깊은 부엌이지만 들어가서 설거지도 할 수 있는데.'라는 마음에 무척 괴로웠다. 주먹을 쥐고 가슴을 치며 '내 탓이오.'를 연발했다.

그 후 사정이 생겨 봉사를 그만두게 되었다. 다른 사람에게 바통이 넘겨졌다. 몇 개월 후 할머니가 돌아가셨다는 소식을 들었다. '아, 이제야 안식을 찾으셨구나. 천국에서 편히 쉬세요.'라는 기도가 절로 나왔다. 할머니는 생을 편안히 잘 마쳤을 거라는 생각이 들었다.

사람은 얼마나 아름다운 존재인가. 절대자가 있어 세상을 굽어본다면 어떤 사람에게 마음이 갈까. 어려운 현실에도 묵묵히 생을 살아가는 이의 삶을 축복해 줄 것이다. "힘내라. 내가 도와주마." 하며 그 앞의 가시밭길도 잘 걸을 힘을 줄 것이다.

아무리 악한 사람이라도 마음 한구석에는 선한 마음이 존재한다. 이것을 '러브 뱅크'라 칭하고 싶다. 용기를 주는 한 마디, 선한 미소 등이 그곳에서 나오는 것이다. 잔액이 무한한 이 통장의 존재를 많은 사람이 알게 된다면 세상은 더 밝아지리라.

몇 년 동안이었지만 시간을 내어 봉사활동을 한 것은 잘한 일이었다. 인생길에 타인을 위한 시간이 내게도 있었음에 감사한 마음이 든다. 그분들에게서 받은 사랑과 기도는 다 갚을 수 없다. 남은 여정에 만나는 이들에게 갚아야 할 위대한 숙제이다.

토지 문학관에서

지리멸렬한 날의 연속이었다. 여행이라도 나서지 않으면 하마 터질 성싶은 날들이었다. '누굴 위해 사는가. 무엇을 얻으려고 사는가. 나의 기쁨은 무엇인가.' 하는 생각에 괴롭던 날이 많았다.

그럴 즈음 가족과 함께했던 남도 여행은 삶의 의욕을 크게 북돋아 주었다. 비행기 대신 배를 타고 제주에서 출발했다. 차를 갖지 않고 나선 여행이라서 낯선 곳에서 버스도 기다려 보고, 생소하게 들리는 사투리들로 인해 오랜만에 가슴이 두근거렸다. 이제 내 심장도 뛰기 시작할 것인가? 가슴이 터질 것 같았던 《토지》의 무대인 구례와 하동, 아! 평사리.

구례 오일장에서 작품 속 등장인물들을 만날 것 같은 설렘을 안고 주막에 앉았다. 갑자기 슬픔이 밀려왔다. 《토지》의 등장인물들은 거의 100년 전의 사람들인데 왜 그들을 생각하며 슬퍼하는 걸까?

그들은 먹는 것 한 가지만 해결되면 어떤 것도 바랄 게 없는 이름 없는 백성들이었다. 가만히 앉아 그 이름 하나하나 헤아려 본다. 서희와 길상이, 그리고 봉순이. 마을에서 가장 잘생긴 사내 용이와 그를 사랑하는 푸르스름한 눈의 월선. 그리고 그 사랑에 대해 질투와 시기심으로 악에 받친 인생을 살다간 용의 아내 강청댁. 이평이와 그의 아내 두만네. 중인 신분에 양반과의 과남한 혼인에 희생으로 점철된 인생을 살다가 남편 김평산이 살인범이 되자 목을 매는 함안댁 등 애처로운 마음 없이 떠올릴 수 없는 인물들이다.

평사리에 가기 위해 버스를 기다리는데 가슴이 설레었다. 시간은 오후 네 시가 다 되어갔다. 너무 늦게 버스가 도착해서 토지문학관이 문을 닫지나 않을까 조마조마한 마음도 들었다. 길게 뻗은 마을 안길로 들어가 문학관에 도착했을 땐 이미 땅거미가 지기 시작했다. 몇 사람의 관광객과 함께 입장권을 살 수 있었다.

등장인물의 집이 지어진 드라마 세트장을 걸었다. 겨우 허리 숙이고 드나들 만한 집이다. 실제 그들이 살았다 해도 그보다 더 큰 집에서 살지는 못했으리라. 그곳에서 그들은 사랑하고 제사를 지내며, 인절미를 돌렸을 것이다.

이 집 저 집을 도는 중간에 이용의 집이 있었다. 순간 아뜩하다. 내가 얼마나 당신을 그리워했는지, 당신의 안부가 얼마나 궁금했는지, 이용, 당신은 알고 있는가. 그는 작중 인물이 아닌 실제 존재했던 사람처럼 나의 생활에 박혀 있었다. 그의 집 문 앞에 서니 본처와 월선을 사이에 두고 고뇌했을 사내 이용이 떠올라 울고 싶었다. 월선은 이 사립문을 얼마나 그리워했을까? 동네 사람들의 눈에 띌까 봐 새벽녘에만 지나던 그 사립문을 오래도록 붙잡고 있었다. 일행이 부르지 않았더라면 더 오래오래 서 있었을 것이다. 질긴 생명력으로 오히려 이용을 차지한 임이네 집 앞에 섰을 때도 감회는 남달랐다. 《토지》의 작중 인물들이 말을 걸어오는 듯한 신비로운 느낌에 빠져 그곳에 말없이 서 있었다.

고개를 돌려 한숨 쉬려 하는 순간, 눈앞에 악양의 넓은 들판이 펼쳐져 있었다. '섬진강이 흐르는 옆으로 짙푸른 벼가 바다를 이룬 저 벌판이 전부 최 참판 댁의 토지란 말인가?'라는 독백이 터져 나왔다. 얼마나 작품 속과 실제를 혼동했으면 이런 생각을 다 할까? 자주 읽어 낯설지 않은 풍경이었다.

아, 내가 이곳에 서 있다니….

열여섯 권의 방대한 대하소설을 몇 차례나 읽었던가. 그동안 평사리 사람의 일원이 되었다. 나도 모르게 생활 속에서 그들의 사투리를 썼다. 이용과 월선의 이루지 못한 사랑으로 괴로워하는 대목에선 함께 며칠을 끙끙 앓았고 소설 속 인물들과 같이 울고 웃었다.

소설 《토지》가 아니었으면 그 힘든 시기를 어떻게 견디어냈을까? 그것을 읽는 것은 즐거움이요, 피로회복제였다. 그리고 지금은 살아갈 용기와 희망을 얻었다. 하나의 문학작품이 폐허가 된 마음을 이렇게 깊이 위로해 주다니…. 문학예술이 주는 한없는 위로는 마음에 생수가 되어 새로운 혈관을 만들어 주었고 거기에 새 피가 흐르게 했다.

저자는 고인이 되어 세상을 떠났지만, 그녀가 남긴 작품은 앞으로도 사람들에게 용기와 희망을 주게 될 것이다. 역사는 힘 있는 어느 한두 사람의 몫이 아니라 민중의 것이라는 것을 다시금 느낄 수 있었다. 우리 민족의 정체성에 대해서도 깊이 생각해 볼 수 있는 기회였다. 이 작품이 우리나라를 대표하는 향토색 짙은 작품으로 세계인의 사랑을 받는 날을 기대해 본다.

생각하라, 그러면 부자가 되리라

부자가 되고 싶었다. 아니, 빚만 없어도 살 것 같았다. 평생 빚을 갚다가 죽는 건 억울하지 않은가. 이렇게 살려고 태어난 건 아닐 것이다. 언제까지 이렇게 살아야 하나. 사십 대 중반이 되면서부터 이런저런 생각에 마음이 바빠지기 시작했다.

처음 나폴레온 힐의 《생각하라, 그러면 부자가 되리라》라는 책에 대해 라디오에서 들었을 때 멀리 서광이 비치는 언덕에 우뚝 서 있는 것 같은 감흥이 일었다. 부자가 되는 법을 알려주는 책이 있다니. 부자 되기 싫은 사람이 몇이나 있을까. 그런 사람이 있기나 할까. 결혼하자마자 남편의 일은 벽에 부딪히고 빚에 시달려 밤잠을 설쳤다. 이자 걱정 없이 한번 발 뻗고 자고 싶었다.

나폴레온 힐은 1900년대 초, 신참 기자 시절 철강 왕 앤드류 카네기를 만나 보통 사람도 반드시 성공할 수 있는 성공의 법칙을 완성해 달라는 제의를 받았다. 그래서 그는 세계 최대의 부자들과 성공한 사람들을 인터뷰했다. 찰스 슈왑과 토머스 에디슨, 월터 크라이슬러와 마샬 필드 등 세계 거부들의 경험에서 온 성공법칙을 정리했다. '성공철학'이라는 독특한 길을 개척한 사람이 된 것이다.

그는 그것을 토대로 저술과 강연 활동을 했다. 많은 사람에게 동기부여와 자기계발을 가르치는 거장이 되었고 자신 또한 부자가 되었다. 그 책이 바로 《생각하라, 그러면 부자가 되리라》이다. 아마존 도서 분야 최장기 베스트셀러이기도 하다.

"누구든지 마음의 준비를 하지 않은 상태에서 내 이야기를 듣지 말아 주시기 바란다. 준비할 것은 여러 가지가 있겠지만, 특히 성실한 목표와 진실한 겸손이 필요하며, 백과사전처럼 모든 걸 다 아는 사람은 없다는 것을 확실히 인정하는 자세가 중요하다." 이것은 앤드류 카네기가 나폴레온 힐에게 일을 맡기며 전한 말이다.

'부富란, 즉 인생의 진정한 부란 그것을 나누어 받는 사람들이 누리는 이익의 정도에 따라 정확한 비율로 증가한다. 이것이 사실이라는 것은 내가 백 퍼센트 증명할 수 있다. 나 자신이 나누어줌으로써 부자가 되었기 때문이다. 내가 누군가에게 이익이 되는 일을 하면, 그 대가로 무엇이든 어떤 식으로든 남에게 준 것보다 열 배나 많이 거둘 수 있었다.'(나폴레온 힐, 《생각하라, 그러면 부자가 되리라》 중에서)

이 책의 기본적인 핵심요소는 바로 마음가짐이다. 긍정과 건강, 성공과 신념, 자선과 너그러운 마음씨 등을 강조하고 있다. 가장 필요한 것은 바로 내가 뭘 원하는지를 아는 데서 시작한다. 바로 목표이다.

보통 사람은 열심히 산다. 그렇다고 모두 부자가 되는 것은 아니다. 자기계발의 스승들은 목표를 정하라고 한다. 도달해야 할 항구가 어디인지 모르는 사람은 바다 위를 떠도는 배와 같다. 갈 곳을 정한 인생은 앞뒤 보지 않고 항해한 결과 목표 지점에 닿을 수 있다. 꿈꾸는 사람만이 성공할 수 있다. 가슴이 뛸 만큼 매력적인 꿈을 정하고 이루어지는 것을 상상하라. '내가 과연 이것을 이룰 수 있을까.' 하는 큰 목표를 세우라고 한다.

사실 고백하건대, 돈도 없고 집도 없을 때 이것을 실행에 옮겼다. 자주 가는 지인의 집이 마음에 들었다. 방문해서 안방과 주방, 넓은 거실을 내 집처럼 느끼려고 노력했다. 빵을 사서 가기도 하고 차 마시러 다녀오기도 했다. 자기 전에 그런 집에 사는 것을 매일 상상했다. 그곳은 아파트이기 때문에 잔디가 깔린 마당 넓은 집으로 수정했다.

정원에는 유실수도 많고 텃밭도 있으면 좋겠다고 생각해서 남향의 볕 좋은 아늑한 집을 매일 그렸다. 방의 위치와 개수, 서재에서 책장 넘기는 소리까지 생생하게 상상했다. 그곳에서 책을 읽고 글을 쓰는 모습을 보려고 했다. 가족들의 행복한 웃음소리와 딸의 피아노 치는 소리를 들었다. 밤에 노래를 불러도 이웃집에 들리지 않는 넓은 집, 나무들로 가득한 초록 세상은 그 속에 머물고만 싶을 정도로 좋았다.

맨발로 잔디를 밟는 느낌을 느껴보려고 했고 넉넉한 수납공간들을 상상했다. 특별히 마당 한쪽에 제주에는 잘 보이지 않는 사과나무가 있으면 좋겠다고 생각했다. 그것이 이루어지면 마음의 법칙은 진리라고 생각했다.

지금의 집을 사고 보니 놀라지 않을 수 없었다. 감나무와 매실나무는 여느 집이나 있을 수 있다고 해도 탐스러운 열매를 가득 매단 사과나무는 기적 같은 일이다. 매일 상상하던 것이 실제로 일어난 것이다. 이게 바로 끌어당김의 법칙이고 마음의 법칙이다.

실상 이것은 론다 번이 저술한 한 권의 책으로 세상에 알려졌다 해도 과언이 아니다. '수 세기 동안 단 1%만이 알았던 부와 성공의 비밀'이라는 부제가 붙었다. 이전에도 많은 도서가 나와 있었지만, 사람들은 그 진가를 잘 알아보지 못하였다. 그녀의 책으로 인해 다른 책도 빛을 보게 되었다.

돈 없이도 행복할 수 있다. 하지만 돈이 없으면 아픈 사람을 병원에 데려갈 수 없다. 자녀에게 재능이 있어도 전문가로부터 질 높은 교육을 받게 해 줄 수 없다. 마음의 법칙은 종교가 없다면 철학으로 이해하면 된다.

"죽기 전에 달성하고 싶은 목표를 지금 당장 적어보라."고 한 윌리엄 슈워츠의 《크게 생각할수록 크게 이룬다》라는 책도 있다. 많은 사람에게 자신 안에 잠자고 있는 거인을 깨어나게 만든 동기를 준 위대한 책이다. 이런 부류의 책 내용은 세상은 나의 명령을 기다리고 있다는 것이다.

큰아이가 학교 도서관에서 빌려 온 조셉 머피 박사의 책으로 인해 나의 마음도 많이 바뀌었다. 생각을 바꿈으로써 삶을 바꿀 수 있다는 내용이었다. 몇 번을 읽었다.

정신법칙에 관한 한 세계적인 권위자인 머피 박사는 스승인 압둘라에게서 네빌 고다드와 함께 마음의 법칙을 배웠다. 그것은 곧 끌어당김의 법칙이다. 네빌은 많은 저서와 강연으로 세계의 많은 사람을 성공하게 도왔다. 그의 저서에는 형이상학적인 내용이 많다. 신비가로 알려졌으며 성경을 새롭게 해석하여 사람들로부터 비판과 찬사를 받기도 했다.

머피 박사의 제자는 시마즈 고이치 등 일본인이 꽤 있는데 그들의 저서는 일반인이 생활에 적용하기 쉬운 편이다. 마음의 법칙의 실천편이라 할 수 있다. 이런 책이 있는지 모르는 사람도 많다. 빚에 쪼들리는 이에게 안타까운 마음에 권해도 귀 기울여 듣지 않는 사람도 많았다. 지금의 상황에서 절실하게 벗어나고 싶은 사람에게 권하고 싶은 책이다. 월러스 워틀스와 레스터 레븐슨, 엔서니 라빈스와 조엘 오스틴 등의 많은 책이 시중에 나와 있다.

빚을 갚을 수만 있다면, 내 집을 장만할 수 있다면 못할 게 무엇인가. 위대한 스승들이 가르쳐 준 길 없는 길을 가는 방법은 쉬운 것 같으면서도 어렵다. 따라 하기 쉬우면 부자 안 될 사람이 어디 있겠는가.

노력 없이 쉽게 얻을 수 있는 것은 없다. 나 또한 지혜가 모자란 사람이다. 그러니 세상을 성공적으로 지혜롭게 살아 낸 이들을 따라 살아 보려고 노력하는 것이다. 그들이 먼저 밟은 길을 따라가다 보면 길을 만날 수 있지 않을까 하는 마음에서다.

결혼은 늘 옳은가

별 좋은 날이다. 〈가난해서 헤어지자는 연인〉이라는 소제목의 글을 읽는 중이었다. 창틀에 책을 올려놓고 일요일 오후의 한낮을 즐기고 있다. 어떤 사람이 휘파람을 불며 지나가고 있다. 인근 박물관 잔디마당에서 소리가 들린다.

누가 누가 놓았나
조그만 돌다리
바둑이도 건너는
징검다리

짧고 경쾌한 동요다. 그는 아마 근처 교육대학교의 학생일 것이다. 도서관엘 가기 위해 박물관을 가로질러 가고 있겠지. 청년의 젊음과 같은 짙푸른 잔디가 깔린 곳을 지나, 숲길에도 저 휘파람 소리는 울릴 것이다. 건강하고 아름다운 여성과의 결혼을 꿈꾸는 젊은이일까. 아니면 사랑에 빠져 허우적거리고 있을까.

사랑하고 결혼해서 아이 낳고 나이 들어 죽는 절차는 인간의 통과의 례인가. 내가 읽은 책 중 몇 권은 모든 이들에게 적용되는 모델이 아니라고 한다. 하지만 많은 이들이 동의한다.

"나는 당신에게 내 손과 마음과 전 재산의 일부를 바치리라. 이 지상의 것 같지가 않은 당신을 나는 내 몸처럼 사랑하오. 가난하고 미천하고 조그맣고 예쁘지도 않은 당신에게 나를 남편으로 받아들여 달라고 나는 간청하오." (샬롯 브론테, 《제인 에어》 중에서)

사랑은 그런 것인가. 가난하고 보잘것없는 여인에게 간청하는 남성의 구애는 독자를 웃음 짓게 하면서도 엄숙한 느낌을 준다. 더구나 소박한 젊은 여성에게 얼마나 진지했으면 '이 지상의 것 같지가 않은'이라는 말까지 덧붙이겠는가. 소설 속 사랑의 결말은 해피엔딩이다. 하지만 현실의 사랑은 그러지 못할 때가 많다. 그렇게 사랑하는 배우자를 두고 불륜을 저지르기도 하고 폭력으로 가족을 멍들게 하기도 한다.

결혼한 후에도 직장을 가진 엄마는 대개 힘든 육아와 살림을 도맡아 하는 경우가 많다. 오죽해야 독박육아라는 말까지 생겼을까. 그런 면에서 많은 가정은 여성의 희생과 인내 속에 유지되고 있다고 해도 과언이 아니다. 그러니 그런 모습을 보고 자란 젊은 여성들이 결혼을 기피하는 것은 당연한 결과가 아닐까.

요즘 젊은이들은 사랑만으로 긴 결혼 생활을 유지하기는 어렵다고 생각하는 것 같다. 지루하게 한 사람과 어떻게 평생 사느냐는 얘기도 들린다. 사랑 하나만 있으면 어떤 파도도 헤쳐나갈 수 있다고 믿었던 기성세대와는 다르다.

외국의 문학작품을 읽으며 느끼는 것은 특히 서구일수록 결혼에 대해 크게 신경 쓰지 않는다는 점이다. 쉽게 예를 들면 《빨간 머리 앤》에서 앤을 입양한 사람은 비혼의 남매이다. 오빠와 여동생이 함께 사는 집이다. 다른 작품에서도 쉽게 독신으로 사는 이들을 발견할 수 있다. 그래서 친척이 사망하면 생각지도 않은 상속을 받게 되는 이야기도 많지 않은가.

반면, 일본이나 중국은 혼자 사는 여성에 대한 시선이 그리 좋지 않다. 우리나라 또한 몇십 년 전만 해도 결혼 적령기 여자가 혼인하지 않으면 이상한 사람 취급을 했다. 혼자 사는 사람이라고 업신여기고, 무시하지 않았다면 많은 여성이 삶을 온전히 누렸으리라. 가장 먼저 생각나는 사람이 허난설헌이다. 시가와 남편의 속박에서 벗어났다면 그녀의 천재적인 솜씨는 얼마나 많은 빛을 발했을까.

그래도 결혼은 해야 한다고 우겨야 하는가. 아니면 결혼은 필수가 아니라 선택이니 네 신념대로 살라고 해야 할까. 요즘 사람들은 성급해서인지 계산부터 한다. 자녀 한 명을 키우려면 몇억이 필요하다거나, 노후 자금은 최소 얼마나 있어야 한다는 매스컴의 보도에 지레 겁을 먹고 포기한다.

사회구조가 바뀌고 가치관도 많이 변화되었는데 제사나 명절도 결혼을 가로막는 요인 중 하나이다. 명절 증후군이라는 단어로 압축할 수 있다. 남성에게는 강요되지 않는 일들이다. 결혼과 동시에 여성의 어깨에는 많은 짐이 얹힌다. 부담이나 상처 때문에 시가와 단절하고 사는 이가 많다. 핵가족과 합리주의 생활을 겪은 이삼십 대들은 예부터 내려온 관습을 악습으로 바라보는 시선도 있다. 기성세대의 삶을 바라보는 그들의 시선에 피로가 스며 있다.

'검은 머리가 파뿌리 되도록'이라는 말이 가슴 깊숙이 자리잡고 있는 나같은 사람은 아직 동의하지 못하는 말이 있다. 바로 졸혼이다. 백세 시대에 한 사람과의 지루한 결혼 생활은 졸혼이 해결책이라고 한다. 늘그막에 자녀들을 독립시키고 나서 서로에게서 벗어나 자유를 누리라 한다. 이제 우리는 오직 한 사람과 결혼해 자식 낳고 나이 들어 저세상 가는 것도 점점 어려운 사회에 살게 되는 것인가.

만나고 헤어지는 게 예전 같지 않은 세상에 백년해로라는 단어는 구시대 사람들의 것으로 박제될 날이 머지않은 것 같다. 비혼주의자들이 점점 늘어 가는 요즘 같은 세상에 결혼에 대한 의문이 든다.

결혼은 늘 옳은가?

part 5

꿈에

어머니의 테왁이 빈 채로 물에서 나는 것을 본 적이 없는 우리는 마루에 엎드려 비 오는 마당을 바라보며 턱을 괸다. 문어와 소라도 많이 잡아 오기를 바라며 말이다. 두어 시간 후 돌아오신 어머니는 말없이 부엌 옆 쉼팡에 테왁을 내려놓는다. 많은 해산물은 우리를 실망시키지 않는다. 흙 마당엔 장맛비가 만든 거품이 조르르 떠내려 가고, 고둥을 까먹는 우리를 바라보는 어머니의 얼굴엔 흐뭇한 미소가 번졌다.

뱀을 좋아하나요

뱀을 좋아한다. 아니, 정확하게 말하자면 화면으로 보는 것만 좋아한다. 뱀은 징그러움과 매력을 동시에 선사하는 동물이다. 적어도 내겐 그렇다. 그래서 그런지 내셔널지오그래픽 채널에서도 단골로 등장한다. 움츠리고 있다가 한순간에 먹이를 낚아채는 모습은 흥미진진하다. 소름 돋는 화면을 뚫어지게 쳐다보다 진저리를 친다.

그럴 때마다 간교한 지혜를 가진 유혹자를 왜 뱀으로 표상하는지 생각하게 된다. 정교한 비늘의 소리 없는 움직임, 쉿쉿거리는 소리가 들릴 것 같은 양 갈래의 혀는 째깍째깍 돌아가는 초침 같은 긴장감을 준다. 어릴 때부터 뱀에 관한 얘기를 수없이 들어왔다.

나와 여섯 살 터울인 막냇동생은 밤에 태어났다. 외숙모님을 비롯한 친척들은 안방에서 어머니의 출산에 대비하고 있었다. 부엌의 가마솥에서는 물이 설설 끓었다. 방 안의 어른들은 뱀을 숭상하지 않은 이들이 당한 고통과 죽음에 관해 얘기했다. 누가 더 무서운 이야기를 하는지 내기를 하는 것 같았다. 이야기의 결론은 뱀을 보면 그냥 내버려두어야 한다는 것이다. 집에 들어온 것은 작대기를 이용해 밖으로 나가도록 길을 터 주어야 한다고 했다.

어머니는 등에 짐을 져 나를 때 쓰는 큰 바구니인 질구덕에 산후 빨래를 지고 세기알이라는 곳으로 가셨다. 집에서 멀지 않은 곳이지만 어린 우리는 처음 가 보는 곳이다. 그곳은 바다와 잇닿은 넓은 동산이다. 파도가 미치지 못한 곳에 무성하게 풀이 자라는 곳이다. 비가 오면 민물이 며칠간 고이는 웅덩이가 있다. 어머니는 그곳에서 빨래하셨다.

상쾌한 빨랫방망이 소리와 달리 후텁지근한 온도로 인해 오뉴월의 억새와 띠는 아이들의 키를 넘었다. 같이 갔던 누군가가 굉장히 놀란 듯 비명을 지르며 나를 불렀다. 뛰어가 보니 방 하나 넓이의 깊은 구렁텅이가 있었다.

"으악, 맙소사."

나도 모르게 소리를 질렀다. 뱀들이 마구 뒤엉켜 있었다. 한두 마리도 아니고 수백 수천 마리다. 밑바닥이 보이지 않는다. 누가 떠밀지 않았는데도 저절로 스르륵 구렁텅이로 떨어질 것 같은 극도의 공포감에 빠졌다. 후들거리는 다리로 정신없이 어머니 계신 곳으로 뛰어왔다. 겨우 진정이 되었다.

어른이 된 후에도 가끔 뱀이 나오는 악몽을 꾼다. 아마도 그때의 기억이 너무 강렬해서 그런 것이 아닐까. 스티븐 스필버그 감독의 《레이

더스》라는 영화를 봤을 때다. 주연인 해리슨 포드가 뱀이 우글거리는 동굴에 떨어지는 장면이 있다. 나도 모르게 비명이 나왔다. 동시에 어렸을 때 봤던 게 반사적으로 떠올랐다. 두 발도 자동으로 높이 들렸다. 극장에 뱀이 있을 리 만무한데 말이다.

뱀은 제주에서 풍요와 다산, 부를 일으키는 신으로 여겨져 왔다. 칠성이라 부르기도 한다. 우리 집을 비롯한 많은 집에서는 곡식을 저장하는 광에 안칠성을 모셨다. 제사나 명절날 네모난 대나무 바구니인 차롱착에 음식을 올렸다. 미개하여 미신을 섬긴다는 학교에서의 가르침을 맹신한 내게 안칠성에 제물 올리는 것을 더는 하지 못하게 어머니는 눈을 끔쩍이며 말리셨다. 그게 뱀을 위하는 의식인 것을 알았다면 나는 더 펄쩍 뛰었을 것이다.

뒤곁의 장독대 옆에는 '눌할망'이라 하여 밧칠성을 모셨다. 안팎으로 축복을 받고 싶은 인간의 심정이리라. 밧칠성은 이 년에 한 번 무당을 불러 제를 지냈다. 그날 지붕 역할을 하는 주젱이를 따로 엮어 새로 갈았다. 어머니가 돌아가신 후 밧칠성은 누구도 손대지 못하고 몇 년째 그대로 있다.

어릴 때부터 많이 보아 온 것이지만 뱀만큼 진저리치게 하는 것은 없다. 어른들은 그 단어도 제대로 말 못 하고 '진 것'이라고 두려움을 담아 입술 밖으로 내었다. '긴 것'이라는 뜻이다. 《해리포터》 시리즈에 등장하는 완전한 악을 지닌 불러서는 안 되는 그 이름, 볼드모트가 그렇다. 누구도 그의 이름을 부르는 걸 꺼린다. 그의 악이 두려워 입에 담으려고 하지 않는 것이다. 진 것이라고 불렀던 것은 풍요도 주지만 죽음과 파괴의 신도 될 수 있는 존재라고 생각했기 때문이 아닐까.

이것은 무속신앙과 연관이 있다. 남성도 여성도 될 수 있는데 물할망, 칠성할망으로 불린다. 이것으로 보아 여성성이 더 강한 것 같다. 오래전부터 전해져 온 이야기가 있다.

"물할망이로구나, 날 우치젠 ᄒᆞ난 나누었구나.

(물을 지키는 할머니가 비 오려니까 나와 누웠구나.)

팡돌 알더레 기어 들어붑서, 아히덜 놀래염수다."

(디딤돌 아래로 들어가 주세요, 아이들이 놀랍니다.)

얼마 전, 우리 동네 그 구렁텅이에 가 보았다. 위치를 가늠하며 찾아보았지만 찾을 수 없었다. 여기저기 돌아다니다 겨우 찾았다. 아쉽게도 돌로 메워져 있었다. 주변에는 거친 가시덤불이나 억새도 없었다. 전에는 고사리류의 식물도 많이 자랐는데 말이다. 어릴 때는 엄청나게 깊은 굴 같이 느꼈는데 구렁의 지름은 2m도 되지 않았다. 가만히 있어도 빨려 들어갈 것 같은 블랙홀처럼 보였던 곳이 지금 보니 별것 아니다.

올레길이 된 그곳에는 정자가 세워져 있고 올레꾼들은 한담을 나누고 있었다. 그 옆에는 일제시대 때 만들어진 계단을 올린 등대가 있다. 어릴 때는 우리 집을 비롯해 초가집들이어서 계단이라는 것을 본 적이 없다. 어머니가 이 부근에서 물질할 때 등대에서 숨바꼭질하면서 놀던 곳이다. 고래기름으로 밤새 불을 밝혀 남편을 기다리던 아낙들도 다 저세상 사람이 되었다.

뱀은 많이 사라졌다. 사라진 것은 그것만이 아니다. 고둥이나 게, 낙지도 예전 같지 않다. 낙지는 보통 밤에 잡는다. 무섭지도 않았나 보다. 어린 날에 손전등 들고 혼자 바다로 갔다. 차가운 바닷물에 발을 담그고 불빛을 비추었는데 낙지가 너무 많아서 마치 뱀들이 우글거리는 것 같았다. 뱀이라는 단어가 생각난 순간 징그러운 느낌과 함께 새로운 행동을 하게 되었다. 전에는 아무렇지도 않게 잡던 낙지를 맨손으로 잡을 수 없었다. 주전자에 넣을 때마다 비명을 지르고 손을 털며 겨우 몇 마리 잡았다. 어릴 때의 기억이 떠오른 것이다.

사라진 것들에 마음이 쓰인다. 뱀이 많았던 터전에 돌무더기 속에서라도 뱀들이 살고 있었으면 좋겠다. 그것들이 거기에 살고 있다고 생각하면 우리의 뿌리도 뽑히지 않을 것이라는 안도감이 든다.

무릇 생명이란 제 자리에서 숨 쉬고 살아야 안전한 게 아닐까.

가슴에 붉은 장미를 심어라

대학교 4학년인 딸이 서울의 한 고등학교에서 교생실습을 하고 있다. 교생선생님 인원수만 40명이라고 하니 큰 학교인가 보다. 실습은 잘하고 있느냐는 물음에 아이가 탄식한다. 학생들은 온통 대학 입시 생각밖에 없고 교생선생님은 신경도 쓰지 않는단다.

서울의 J 대학 부설고등학교인데 2학년을 맡았다. 쉬는 시간과 점심시간도 쉬지 않고 공부하는 것을 보면 안쓰럽다고 한다. 담임 선생님도 헤어질 때 힘드니 너무 친하게 지내지 말아 달라고 부탁하더란다. 예·체능 시간을 모조리 주요 과목으로 변경해 가르친다고 한다. 요즘은 유치원생들도 학원을 여러 곳 다닌다는데 실상 이런 이야기들이 놀라운 일은 아니다.

전에는 자녀가 좋은 대학에 진학하면 좋은 직장과 높은 연봉을 기대할 수 있었다. 그러나 요즘은 명문대 출신의 박사도 직업을 구하기 힘들다는 시대다. 어느 박사학위 소지자는 여러 군데 이력서를 넣어도 취업이 되지 않았다. 생각다 못해 박사라는 타이틀을 빼고 원서를 넣었더니 바로 취업이 되었다고 한다. 이 현상을 어떻게 받아들여야 할지 모르겠다.

공부 잘했다고 보상받을 수 없고, 또한 공부 많이 했다고 보상해주지 않는다는 말이다. 예체능 시간도 없이 공부를 강요당하는 학생들은 황금 같은 청춘을 무엇으로 보상받을까.

집과 학교밖에 모르는 학생들이 이제 막 시작되는 자신의 인생에 대해 언제 고민과 사색의 시간을 가져 볼 것인가. 고전을 읽으며 사랑에 대해 생각하고 인생과 철학을 생각해 보는 시간도 빼앗겨 버린 것이다.

그들에겐 미래와 시선을 주고받을 시간이 없다. 누구에게나 인생의 바다에서 혼자 헤엄쳐야 할 때가 오고야 만다. 가시덤불을 만났을 때, 높은 파도가 몰아칠 때 어떻게 그것을 넘어야 하는지 생각할 시간을 주어야 한다. 아이는 낳기만 하면 저절로 자란다는 말을 나는 믿지 않는다. 부모는 발자취를 남기고 자녀는 그것을 보고 따라가기 때문이다.

부모도 첫아이나 둘째 아이의 모든 상황은 처음 접해 보는 것이다. 다만 첫아이를 키웠던 경험이 좀 있을 뿐이다. 정월 초하루 먹은 마음 섣달그믐까지 가야 하지만 부모도 사람인지라 어떤 일을 끝까지 해내기 힘들 때가 있다. 공부에 관한 한 자유의사에 맡기는 방목형인 내 교육관이 아이들에게 어떤 영향을 미쳤는지 알 수 없다. 다만 공부하라고 윽박지르는 일만은 하지 않으려고 노력했다.

나의 경우, 직업을 가지고 세 아이를 키우며 대학 과정을 공부하는 것이 여간 힘든 게 아니었다. 공부할 시간이라곤 늦은 밤부터 새벽 시간이 겨우 허락되었다. 그런 시간이 오래되다 보니 건강에 문제가 생겼다. 하지만 포기할 수 없었다. 아이들에게는 꿈을 포기하지 말라고 하면서 정작 엄마가 포기하면 안 되었기 때문이다. 그렇게 6년을 공부했다. 그것은 한창 공부할 나이의 내 아이들에게 많은 영향을 준 것 같다. 스스로 도서관을 다니며 생각을 키워나가고 입시 준비를 했다.

좋은 부모에 대한 열망이 없는 사람은 없을 것이다. 나 또한 지혜롭고 현명한 부모가 되고 싶었다. 희망과 절망의 교차점에서 조금씩 성숙해진 것 같다. 쇠처럼 강한 심장을 가진 사람보다는 카키색 마음을 지닌 엄마가 되고 싶었다. 푸진 언어를 엮어내는 사람이 되고 싶었다. 세월은 아이들이 떠나간 빈자리에 나를 데려다 놓았다. 돌이켜보면 아이들과 많은 시간을 가지지 못했다. 그게 가장 아쉽다. 우리나라 교육이 가족과 함께 하는 시간을 조금 더 주었더라면 우리의 삶이 조금 달라지지 않았을까.

현실의 교육은 5지 선다형의 문제에서 정답을 가려내야 하고, 창의적 사고력이나 협동적 업무 능력보다 경쟁하는 것을 먼저 배우게 된다. 그러면서 자연스럽게 출신 학교별로 줄을 세운다. 학벌 위주의 사회는 대립과 갈등을 부추기고 인맥관리나 학벌의 패거리를 양산한다. 줄을 잘 선 사람은 남보다 일찍 출세와 명예를 거머쥐게 되는 절름발이 사회가 된다. 학벌의 패거리가 위험한 것은 인맥에 더 치중하게 되고 유지하는 데 신경을 쓰게 돼 사회 전체의 역량이 저하되는 것이다.

그래서 SKY대학에 진학하기 위한 살인적인 학력 경쟁을 해야 한다.

그럼으로써 공교육이 무너지고 드라마의 '김주영 선생' 같은 존재가 양산되고 떠받들어지는 사회가 되는 것이다. 언젠가 독일의 고등학교 교육이 TV에 방영된 적 있다. 고등학교 졸업 후에는 대학을 가야 하는 게 일반적인 우리나라와 달리 미용, 건축, 용접 등 여러 분야의 직업학교를 소개하는 프로였다.

우리나라는 각자의 특기가 따로 있는데도 너나없이 자율학습에 임해야 하는 학교가 많다. '새벽별 보기 운동'이라고 학생들로부터 이름 붙여진 아침 자율학습을 위해 두세 시간 전에 잠든 아이를 깨우는 것은 여간 안쓰러운 일이 아니다. 밥을 먹여 보내는 것도 힘들다. 잠에 취한 아이가 무슨 입맛이 있어서 아침밥을 먹을 것인가. 큰딸이 졸업한 고등학교의 경우, 아침 일찍 등교해서 자정이 가까운 시간까지 특별한 일이 없는 한 학교를 벗어날 수 없다. 요즘은 좀 더 열린 생활의 기회를 주는 교육이었으면 좋겠다.

막내 아이가 서울의 어느 고등학교에 다니게 되었다. 꼭 그 학교여야 한다며 중학교 1학년 때부터 스스로 입시를 준비해서 들어간 곳이다. 학부모로서 학교를 방문할 일이 생겼다. 교무실부터 기숙사의 사감실까지 복잡한 절차를 거쳐 들어갔다. 마침 하교 시간이었다. 아이들 얼굴색이 청소년 같지 않게 파리하고 힘이 없다. 웃는 애들도 거의 없다. 땅을 보고 묵묵히 걷는 학생들이 대부분이다.

깔깔대며 삼삼오오 짝을 지어 교문을 나서는 게 보통인데 그렇지 않았다. 고등학교 1학년 때부터 온통 입시에 찌들어 산다는 아이의 말을 실감했다. 담임 선생님과 대화를 하는데 그녀도 부모인지라 나와 생각이 같다. 무엇을 위해 학생들이 이렇게 고생해야 하는가. 학교 안에서 여학생은 납작한 구두밖에 신을 수 없다, 치마를 입기 때문이란다. 그래서 우리 아이의 엄지발가락도 점점 휘어지고 있다. 전공 선생님들조차 서울의 주요 대학을 보내는 자만감에 젖어 산다나. 그래서 학부모의 인사도 받지 않는 경우가 있다니 보통 문제가 아니다.

인성을 중시하고 입시 위주의 교육에서 벗어난다면 대한민국의 학생들 얼굴에선 윤기가 날 것이다. 참으로 안타까운 일이다. 청소년들에게 한마디 하고 싶다.

그럼에도 대한민국 청소년들이여, 가슴에 붉은 장미를 심어라.

길 위의 나침반

일요일이다. 늦은 아침을 하고 쉬고 싶다는 단어로 가득 찬 머리를 들어 마당에 나가본다. 정원에서는 서 있는 것만으로도 휴식이 된다. 마음이 편안해지며 입꼬리가 올라간다.

"아, 참 좋구나." 머리를 쓸어 올리며 혼잣말을 한다. 집 건너편 박물관의 키 크고 오래된 나무들에 감사함을 느낀다. 나무라고 색이 다 같지 않다. 오묘하고 신비한 색을 입힌 조물주의 색상 선택을 감탄하며 한 그루씩 눈길로 쓰다듬어 준다. 봄이 되어 정원의 잔디는 파랗게 돋아났다. 유자나무와 감나무 새싹의 노랫소리가 들리는 것 같다. 아마 조물주를 찬미하는 것이겠지. 가사는 이런 내용이 아닐까.

밤과 낮, 빛과 어둠아 주님을 찬미하여라.
비와 바람아 주님을 찬미하여라.
추위와 더위야 주님을 찬미하여라.
강과 바다야 주님을 찬미하여라.

함께 소리 높여 세상의 아름다움을 읊고 싶다.

이런 봄날은 숲길 걷는 것도 좋다. 물과 간단한 요기 거리를 가방에 넣고 절물 자연휴양림을 찾았다. 장생의 숲길을 걷는데 대지는 향기로운 냄새로 가득 차 있다. 자연의 풍요로움을 만끽하기 위해 벌들이 잉잉거리는 소리가 들리는 것 같다. 기분이 좋다.

숲은 언제나 그 자리에 있으나 사람의 마음은 갈 때마다 다르다. 피곤한 몸을 이끌고 가기도 하고 느긋한 마음을 가지고 갈 때가 있다. 한결같은 것은 올 때마다 위안을 느낀다는 것이다. 그게 자연의 위대한 힘이다.

나무가 주는 말 없는 가르침은 달콤한 속삭임처럼 거부감이 없다. 생각으로 깨닫는 것이지만 자연이 가르쳐 주는 것 같아 가슴 깊이 받아들인다. 숨을 폐부 깊숙이 들이쉰다. 친절과 선의, 희망과 행복 등의 좋은 말을 흡입한다. 내쉬며 질투과 교만, 비교와 불행을 최대한 내뿜는다. 호흡을 균형 있게 해 보며 곡선으로 꺾인 앞을 내다본다.

두 사람이 겨우 걸을 만한 길은 구부러져 있다. 끝이 어떻게 이어져 있는지 보이지 않는다. 끝에 다다라서야 새로운 길이 보이는 것이다. 방금 걸어온 길과 비슷하지만 같은 길이 아니다. 나무도 같은 나무가 아니며 풀도 틀리다. 종류가 같을 뿐이다.

인생도 마찬가지다. 한 번의 파도를 건너면 다른 파도가 밀려온다. 씁쓸한 냄새를 풍기며 끊임없이 다가온다. 험악한 얼굴로 위협하며 굴복하게 만든다. 가정을 파탄 내고 인생을 포기하게도 한다. 이에 굴복하지 않는 지혜로운 사람은 인내와 끈기로 버텨낸다. 앙다문 입에선 피가 나고 단내가 난다.

젊을 때부터 도박에 손댄 사람이 있다. 그는 길을 잘못 들어섰다. 본인만 모르고 있을 뿐이다. 노름꾼 주변에는 비슷한 사람들이 있게 마련이다. 어떻게 인생을 살아야 하는지를 가르쳐 줄 나침반도 없이 살게 된 것이다. 오랜 직장 생활의 수고와 보람은 누군가의 주머니로 들어갔다. 집은 경매로 팔리고 가정도 해체되었다. 그에게 옳은 말을 해줄 수 있는 형제나 친구가 있었다면 끝이 그렇게 허망할까.

비눗방울을 불면 거품에 영롱한 색을 지닌 무지개가 보인다. 우리를 유혹하는 것은 왜 이리 아름다운가. 사실은 그 속에 허무와 실체 없는 노곤함이 있다는 것을 알고 있다. 뿌리치기 힘든 유희와 쾌락은 정신을 조금씩 지배하며 면적을 넓혀간다. 결국은 빠져나올 수 없는 갈고리에 걸린 고래가 되는 것이다.

자연을 보며 걸어 볼 일이다. 겸손과 인내로 묵묵히 새싹을 내고 꽃을 피우고 열매를 맺는 나무를 보며 가슴 벅찬 감동을 느낀다. 몸을 흔들어 익은 열매를 떨어뜨리는 지혜를 얻고 사람에게 선의를 방출하는 마음을 배우고 싶다. 세상 모든 조물이 나침반이 아니고 무엇이랴. 반듯하고 올바르게 살아 내어 마지막 순간에 감사한 마음으로 저세상으로 간다면 얼마나 좋을까. 실상 그렇게 사는 게 나만 힘든 것인지 모르겠다. 기도할 때마다 지혜로운 사람이 되게 해달라는 이유가 여기 있다.

인생은 정해진 것이 없다. 사람마다 제각각의 모습으로 걸어간다. 평생을 선하게 사는 이도 있고 악하게 사는 이도 있다. 최선을 다해 사는 사람이 더 많겠지만 나쁜 일을 하며 제멋대로 시간을 허비해 버리는 이도 있다.

남의 생각은 아랑곳없이 저 혼자 잘났다는 이도 있다. 하지만 모두가 인정하는 사람인데도 자신을 낮추며 정다운 말로 어깨를 겯는 이도 많지 않은가. 정답 없는 길을 나만의 인생길로 만들며 나이 들어가는 것이다.

왜 신은 낮과 밤, 남자와 여자, 물과 불을 만들었을까. 깊은 데가 있으면 얕은 데가 있고, 높은 데가 있으면 낮은 데도 있다. 힘 있는 자가 있고 약자가 있다. 구불구불한 길이 있는가 하면 쭉 뻗은 길도 있다.

세상은 양면이 있다. 조물주는 무엇을 위해 이렇게 만든 것인지 오래전부터 생각했다. 위대한 자연의 대답은 듣지 않아도 깨달을 수 있다. 이질적인 것은 곧 본질적이라는 것, 너와 내가 다르지 않다는 것이다. 서로 어울려 살아야 한다는 것 아닐까.

사람은 누구나 죽는다, 그게 언제인지는 아무도 모른다. 그러니 모두 아우르며 즐겁게 살아야 한다. 보잘것없는 풀 한 포기, 나무 한 그루가 인간의 삶을 풍요롭게 한다. 하물며 생명 없는 돌이나 쇠도 인간의 삶에 기여하지 않는가.

주변의 많은 사물이 인생길을 걸어가는 데 깨우침을 주는 스승이며 나침반이다.

가을 풍경

가을이 싫었다. 농촌에서는 부모님의 일을 거들어야 하기 때문이다. 풍요로운 기억보다 학교와 바다, 그리고 밭일 도와 드리는 것이 전부다. 가겟집 아이가 그렇게 부러웠다. 밭일하지 않아도 먹고 살 수 있는 그 집이 얼마나 부러웠는지 모른다.

놉을 빌어 일할 때가 많았기 때문에 콩나물이나 두부를 사러 갔을 때 본 가겟집 아이는 방에서 티비를 보고 있을 때가 많다. 하지만 나는 학교가 파하고 집으로 돌아가면 거의 매일 밭으로 가서 어머니를 도와 드려야 했다.

큰 밭에서 일하시는 어머니를 보면 속이 상해서 '왜 밭은 큰 것으로 사서 매일 일만 한담.' 하며 짜증을 내곤 했다. 가까운 곳에 친구네 밭이 있었는데 아주 작았다. “이렇게 작은 밭이면 오죽 좋아, 한나절이면 일이 다 끝나서 점심은 집에 가서 먹고.” 하며 구시렁거렸다.

놉을 비는 날은 점심때까지 일하다 집에 가서 수제비를 만들어 큰 양동이에 들고 가야 했다. 한번은 내리막길에서 자갈에 미끄러져 양동이의 수제비를 다 엎지르고 말았다.

수제비를 다시 만들어 무겁게 들고 가는데 속이 말이 아니었다. 게다가 친구네 밭을 보니 어느새 김을 다 매었는지 모녀는 집에 가고 없지 않은가. 속이 얼마나 상하던지, 밭에 도착해서는 심술을 부렸다. 그러니 그 애가 나보다 공부 잘하는 거 아니냐고, 내가 어디 공부할 시간이나 있냐고, 점심도 안 먹겠다며 고집을 부렸다.

동네 어른들 있는 데서 버릇없이 군다고 어머니께 호되게 야단을 맞았다. 일 끝내고 돌아오는 길에 우리 밭을 팔고 그 밭을 사자고 졸랐다. 어이가 없는지 대답도 하지 않으셨다. 그 친구는 중학교 졸업 후 형편이 어려워 산업체 고등학교로 진학했다.

가을은 외할아버지께서 건초를 준비할 때다. 소를 여러 마리 갖고 계셨던 터라 많이 필요했다. 어릴 때 본 건초더미는 하늘에 닿을 듯했다. 가을은 꼴을 베는 당신 소유의 꼴밭에서 간잘미라 부르는 개똥참외를 주머니 가득 따오시는 때다. 즐거워하는 우리 모습에 덩달아 만면에 웃음을 가득 지으시고 그것을 하나씩 꺼내시는 장난스러운 모습이 그립기만 하다. 소가 필요 없어진 지금은 밭에 사람이 다니지 않아 길도 없어졌고 곶자왈이 돼 버렸다.

옛날에는 닥종이를 생산하는 닥나무가 많이 자랐던 곳이었는지 부모님 밭 중에 닥낭밭이라 불리는 밭이 있다. 그 밭은 외할아버지께서 막내

딸인 어머니에게 물려준 밭이다. 옛날 시세로 삼십 원짜리라는 말에 형제 누군가 그 돈으로 라면땅 과자 하나 살 수 있다고 해서 모두 웃었다.

하교 후 혼자 밭으로 가는 길은 재미있고 이런저런 상념에 젖을 수 있어 좋았다. 어쩌다 재수가 좋으면 남들이 발견하지 못한 열매를 따 먹을 수도 있다. 학교에서 배운 노래를 부르며 가기도 하고, 길가에 피어 있는 들국화를 한 무더기 꺾어 향기를 맡기도 했다.

밭에 가서 일감이 별로 없을 때는 몸이 가벼웠지만, 산같이 쌓인 일감을 보면 몸도 마음도 태산만큼이나 무겁다. 여름엔 녹두를 따는 것이 가장 귀찮고 힘들었다. 땡볕을 참으며 열심히 땄는데도 뒤를 돌아보면 까만 꼬투리들이 나를 놀리듯 여전히 남아 있곤 했다. 녹두 나무 한 그루를 확 뒤집어 익은 것을 남김없이 따라고 하셨지만 그게 잘 안 되었다. 몇 그루 따는 사이에도 마법을 부린 것 같이 익어 있었다.

지인 한 사람은 어릴 때 부모님이 유채 농사를 많이 지었다고 한다. 그녀는 유채꽃 피는 것조차 싫어했다. 조금 있으면 수확을 해야 하니 아기를 가진 임산부가 해산의 고통을 겪을 생각을 하는 것과 다를 게 무엇이랴.

화가가 되어 바다와 들로 스케치를 하러 다녔다. 그러다 진절머리 나는 유채꽃을 캔버스에 담고 있는 자신을 발견하고는 새로운 감회에 젖었다고 한다. 그만큼 농사짓는 일은 고되었다.

바닷가 근처에 자리한 우리 집은 동네 아이들의 아지트였다. 횃불을 함께 만들 때는 가슴까지 뛰었다. 밤중이 되면 바닷가에 낙지를 잡으러 갔다. 불빛을 따라 모여드는 바다 생물들이 신기하다. 발을 헛디디는 바람에 횃불과 한 몸이 되어 물에 빠지면 깜깜한데 불도 없고 난감했다. 그럴 땐 소리를 질러 친구들에게 내 위치를 알려서 도움을 받아야 했다.

겨우 한두 마리 잡은 낙지는 아무도 먹지 않는다. 다음 날엔 빠작빠작 말라버려 결국은 버리게 된다. 어머니께서 "다음부터는 그 불쌍한 것 잡지 마라."고 하면서 밭으로 가고 나면 바닷가로 가서 그걸 버렸다.

물웅덩이에 죽은 낙지를 버리면 그때부터 볼만한 광경이 벌어진다. 어떻게 알았는지 큼지막한 게들이 어슬렁어슬렁 기어 나오고 다음으로 집게들이 하나둘 모여든다. 가끔 반찬이 없을 때 어머니께서 게 몇 마리를 잡아 오라고 할 때가 있었다. 그럴 때는 버려진 우산살을 이용했다. 그때 왜 미끼를 주며 게를 모이게 하는 방법을 사용하지 못했을까.

제주는 지금 토속 음식점이 대세라서 '겡이죽'이나 '보말국' 같은 음식이 많이 팔린다. 대량으로 게나 고둥을 채취하는 바람에 바다에 가도 전처럼 많이 볼 수 없다. 주전자 가득 낙지를 잡았던 기억은 전설의 고향 프로에서나 나옴 직하다.

아직도 가을이면 어린 시절 추억을 먹고 산다. 자연과 함께할 수밖에 없었던 생활환경이 우리를 풍부한 감성의 소유자로 키워낸 것은 아닐까. 그런 경험이 인생의 힘든 질곡에도 버틸 힘을 주는 것 같다.

청맹과니의 사랑법

그네는 청맹과니다. 우리 동네에서 조금 떨어진 곳에 있는 그 집을 본 적이 있다. 방 한 칸과 부엌뿐인 작은 초가집이다. 문이 열려 있어서 길에서도 부엌이 훤히 보였다. 한 번도 소경을 본 적이 없는 우리는 그네를 볼 수 있을까 하는 마음에 기웃거리며 들여다보았다. 그것은 그네를 얕잡아 봐서도 아니었다. 다만, 그렇게 좁은 오두막에 아들 둘에 남편과 산다는 그네를 보기 위해서였다.

물질은커녕 앞이 보이지 않아 밭일도 하지 않는 그네는 늘 분 바르고 화장을 하고서 일 나간 남편을 기다린다는 것이다. 그때만 해도 화장한 여자를 본 적이 없는 우리는 단지 그것이 무척 궁금했다. 우리의 두런거리는 소리를 들었는지 "누구냐?" 하는 큰 소리가 방에서 들려왔다.

우르르 달음박질쳐서 큰길까지 뛰었다. 그때 그네의 얼굴을 봤다는 둥, 예쁘지 않더라는 둥 말들이 이어졌다. 내가 보기엔 방문이 열리지 않았다고 생각했는데 그 애들은 무엇을 본 것일까.

동네 아낙들은 들일과 물질을 억척스럽게 해도 나아지지 않는 살림을 비관하며 그네를 꺼내 들었다. 누구는 화장하고 방 안에 앉아 있어도 삼시 세끼 밥을 먹는데, 이놈의 팔자는 밤에 들고 밤에 나도 고운 옷 한번 입어 보지 못하는 처지라고 말이다.

그네의 온전한 모습을 본 것은 어느 해 겨울이다. 겨울비가 내린 후 얼마 지나지 않을 때였다. 동네 아이들과 가까운 오름에 땔감을 하러 갔다. 그곳에서 그네를 보았다. 놀랍게도 화장을 하고 입술에는 립스틱까지 바르고 있었다. 새각시가 혼인할 때나 바르는 그런 것들을 말이다.

동네 사람이 화장한 것을 본 것은 그때가 처음이다. 집 안에 있는 것도 아니고 일하러 오면서까지 입술을 바르다니, 우리의 놀라움은 컸다. 옷도 어른들이 들일 하러 갈 때 입는 작업복이 아니었다. 잔잔한 꽃무늬가 있는 말짱한 옷이었다. 거기다 솔잎을 모으느라 얼굴은 홍조까지 띠었다. 그러니 얼굴이 여간 곱게 보이는 게 아니었다.

어머니를 비롯한 동네 아낙들은 바다와 밭을 오가며 일에만 열중할 뿐 치장하는 데는 관심을 두지 못했다. 얼굴은 햇볕에 그을리고 옷은 몸빼를 벗을 날이 없었다. 그렇게 살아도 자식들 설빔해 입히기도 어려운 시절이었다.

"여기 모아둔 솔잎은 주인이 있는 것이니 건드리지 마라."

"내가 앞이 안 보이는 사람이라고 남의 것을 가져가면 안 된다."

"우리 남편이 오면 없어진 것은 바로 안다."

"요즘 겨울비가 자주 내리는 날씨라서 나왔지, 내가 이런 일 할 사람이 아니다."

우리 중 누구도 남이 힘들게 긁어모은 솔잎을 슬쩍 하고 싶은 생각을 가진 아이는 아무도 없었다. 한데 그네는 걱정이 되는지 자꾸 같은 말을 되풀이하였다. 하도 주의를 주자 짓궂은 아이가 솔잎 더미를 한 아름 훔치는 척하며 우리를 놀라게 했지만 이내 그만두었다. 그네의 마음을 편하게 해 주기 위해 우리는 조금 떨어진 곳으로 가서 솔잎을 모았다. 살림이 어려워 큰아들은 남의 집에 보냈다고 하는 사람의 것을 빼앗을 생각은 요만치도 하지 않았다.

나중에 오다 보니 솔잎도 사람도 없다. 자신은 이런 일 할 사람이 아니라는 말이 오름을 내려오는 중에도 자꾸 생각났다. 그네는 자존감이 높은 사람이었던 것 같다. 누군가의 사랑을 듬뿍 받으며 사는 사람은 자존감도 높은 법이다.

눈이 보이지 않는 그네는 남의 집이나 밭의 크기도 자신의 것과 비교할 일이 없다. 남과 비교하며 불행은 싹 트는 것이다. 그네에겐 오직 남편의 사랑만이 전부였다. 부엌 딸린 방 하나짜리 집이 좁다고 전혀 느끼지 못했는지 모른다. 최소한의 동선이 필요한 사람이었으니까.

지금 생각해 보니 그네의 처신은 지혜로웠던 것 같다. 자신의 처지를 비관하며 눈물로 세월을 보내도 변하는 건 없다. 앞이 안 보이는데 화장을 하려면 얼마나 공들여서 했을지 짐작이 간다. 그렇게 해서라도 남편의 마음을 얻고 아들들에게는 고운 어머니로 남고 싶었을 것이다.

겨울비는 청맹과니가 오름을 오르게 하고 땔감을 모으게 했다. 그때 보았던 꽃무늬가 있던 옷은 남편이 사다 준 것일 게다. 날품을 팔아

고운 옷을 사다 주는 남편은 행복했으리라. 일하다가도 아내가 생각나면 고단한 미소를 짓지 않았을까. 그네는 존재 자체만으로도 작은 오두막을 흠뻑 적셨을 것이다.

지금은 헐리고 터만 남은 그곳을 지날 때면 오름에서 보았던 꽃무늬 옷을 입은 그네가 생각난다.

남편의 사랑, 그 하나로 살다 간 한 여인의 인생에 꽃을 건넨다.

기억력 길들이기

잠에서 깼다. 문득, 그녀 생각이 났다. 이름이 떠오르지 않는다. 영화 〈트와일라잇〉 시리즈로 유명한 배우다. 다섯 편 모두 봤는데 나머지 제목과 주인공 이름이 전혀 기억나지 않는다.

극 중 이름이라도 생각해 본다. 모르겠다. 기억해 낼 때까지 시간을 주기로 한다. 너무 다그치면 더 생각이 안 나니까. 내일 아침이면 떠오르겠지. 시간을 보니 새벽 두 시가 넘었다. 이 밤에 꼭 그의 이름을 기억해 내야 하는 이유가 무엇이냐, 잠이나 자자.

하지만 잠은 이미 멀리 달아났다. 생각은 다시 꼬리를 문다. 기어이 스마트 폰으로 검색해본다. 아, 크리스틴 스튜어트다. 얼굴은 떠오르는데 이름은 생각나지 않는 이 괴리를 어찌하면 좋을꼬.

기억력은 나이가 들어도 훈련하기 나름이라는 기사를 읽었다. 그래서 기억력 향상을 위한 훈련을 하는 중이다. 자다 깨서 할 필요까지는 없는데 하필, 그때 생각이 난 것이다.

얼마 전 어느 영화에 관한 얘기를 들었다. 제목은 〈미션〉이다. 주인공은 제레미 아이언스이며 가브리엘 신부 역이다. 유명한 '가브리엘의 오보에'를 비롯한 거장 엔니오 모리코네의 음악은 압권이다. 악랄한 노예 무역상인 로버트 드 니로 역시 주인공이다. 이들 중 배우 이름만 생각났다. 그때는 기억이 나지 않아 정말 답답하고 안타까웠다. 어떤 것이 기억나지 않을 때마다 젊음의 잔치는 끝난 것 같은 상실감에 빠져들곤 한다.

언젠가 괴테의 《파우스트》가 떠오르지 않아 발을 동동 굴렀다. 이 작품을 읽고 신의 섭리와 구원에 대해 많은 생각을 했다. 또한 종교를 가지고 있다는 것에 대해 무한한 감사를 느꼈다. 세계명작이 꽂힌 방을 들락거리며 기억해 내려 해도 안 되었다. 기억의 조각들이 빙빙 도는데 잡히지 않는 연기 같았다. 가장 좋아하는 작가의 이름을 잊어버리다니 될 말인가. 둘 중에 한가지만이라도 기억이 났다면 그렇게까지 절망하지 않았을 것이다. 아무리 오래전에 읽었기로서니 말이다.

요즘은 메모지를 가지고 다닌다. 문제는 메모지에 쓰인 것들을 모두 해결하지 않은 채 귀가하는 것이다. 네 가지 일을 보러 외출했으면서 한 가지를 빠트리고 오는 식이다. 그것을 인식하는 순간, 짧은 한숨과 함께 머리는 힘없이 뒤로 젖혀지고 팔은 축 늘어진다. 그러면서 다른 것에 기대 볼 요량으로 '콰지모도'라는 이름을 생각해 내고는 머리를 잠시 쉬게 해 준다.

세월이 팽개쳐 버려 상처 난 육체는 후퇴하는 패잔병 같다. 많은 기억이 오래 입은 옷처럼 보풀이 일고 구멍이 났다. 마음을 달래고 보듬어 주고 싶을 때 듣는 음악이 있다. 오페라 〈사랑의 묘약〉 중 네모리노의 아리아 '남몰래 흐르는 눈물'이 그것이다. 그럼으로써 기가 꺾인 심정에 연고를 발라 주는 것이다.

삼십여 년 전 일본에 있는 외삼촌에게서 파바로티의 이 음반을 보내 달라는 국제전화를 받았을 때 마음이 매우 아팠다. 제주를 떠나 향수병을 앓고 있을 외삼촌을 위해 음반과 함께 마른 한치도 곁들였는데 기억하실까. 먼 옛날의 일들은 소소한 일도 어제처럼 생생한데 최근의 것들이 기억에서 떠나가 버렸다.

50대는 회색지대인지 모른다. 젊지도 늙지도 않은 경계의 땅, 그 땅을 두리번거리며 내 영혼은 걸어가고 있는가. 가도 가도 벌거숭이인 그 길을 벗도 없이 혼자서 말이다. 하지만 기억력이 감퇴하여도 나는 나만의 가치가 있다는 것을 잊지 않으리라 다짐한다.

내게 있는 숭고한 그 무엇은 보듬어 안고 절대 놓치지 말아야지. 낙관을 찍고 오히려 윤기 나게 닦아 두툼한 낱말로 만들리라. 완벽해지려고 하지 말자. 기억력이 좀 감퇴되면 어떠랴. 혼자 나이를 거슬러 살 것도 아니면서 지독한 세월의 냄새를 어찌 지울 것인가.

오래된 바위를 닮고 싶다. 어떤 바위는 자신의 몸에 이끼가 자라는 걸 허용한다. 맨 몸이던 바위가 오히려 그것 덕분에 귀하게 변하지 않던가. 내가 그 바위라면 그 옆에 작은 소나무 몇 그루 자라는 걸 허용하겠다. 거센 바람이 불면 소나무는 내게 기대어 덜 흔들리게 되겠지. 많은 낮과 밤이 지나면 오랜 평화가 찾아올 것이다.

소나무가 조용히 들려주는 옛 이야기를 들으며 생각에 잠긴 어느 날, 젊은 날을 아낌없이 추억하는 늙은 바위가 되고 싶다.

당에 가는 날

제주어

막 두린 때 일이우다. 어머니 부름씰 ᄒᆞ연 마씀. 차롱에 곳곳이 제물 출려 주멍 새당에 갓당 오랜 ᄒᆞᆸ디다. 게난 그때가 언제적이냐 ᄒᆞ민예. 나가 열 ᄉᆞᆯ도 안 뒌 때인 것 닮수다. 1975년 전후인 것 닮아예. 어머니가 출려준 거 ᄇᆞ려 보난, 곤밥에 사과ᄒᆞ고 미깡이 ᄒᆞ나썩, ᄄᆞ시 ᄉᆞᆱ은 ᄃᆞᆨ세기 ᄒᆞ나 이십디다. 아, ᄆᆞᆯ른 우럭도 구원 놓아십디다. 손에 돈도 얼메 심져 주멍 질에서 잊어 불지 말앙 잘 ᄀᆞ정 가랜 ᄒᆞ멍 보곰지 소곱에 놓앙 가랜 ᄒᆞᆸ디다.

그날은 당에 가는 날이라수다. 당은 ᄀᆞᆸ 갈랑 ᄀᆞᆯ아사 뒙니다. 애기덜

이신 집이 가는 당이 싯고, 해녀가 가는 당이 다 다릅주. 애기가 생기길 ᄇᆞ래는 사름이 가는 당도 이수다. 그날 간 당은 집안을 위ᄒᆞ는 당인 거 닮아예. 그땐 당도 이디저디 막 하영 싯고 정성들이는 사름도 하나수다.

"어디레 가민 뒙니까?" ᄒᆞ난, "어이, 우리 닥낭밧 가는 디레 가당 ᄇᆞ려ᄇᆞ민 이디 저디서 막 감신다. ᄄᆞ라가민 뒌다." ᄒᆞᆸ디다. ᄎᆞᆷ말 우리 밧 가는 디레 가단 보난 사름덜이 ᄒᆞᆫ쪽으로 갑디다. 경헨 나도 가십주. 간 보난 ᄆᆞ을 여ᄌᆞ덜은 다 나와신디사 제물은 빼깍ᄒᆞ게 출려 놓은 게 ᄌᆞ미젼에. 사름도 셀 수 엇입디다.

겐디 제물은 건줌 다 비슷ᄒᆞᆸ디다. 구덕을 욮이 차둠서 쪼그령 앚앙 ᄎᆞ례를 기다려수다. 나 ᄎᆞ례가 뒈언 앞이 나간 ᄇᆞ려보난 심방 욮이 큰 ᄇᆞ른 구덕 서너 개가 션에, 그디에 곤밥이 순아점직이 ᄀᆞ득ᄀᆞ득 ᄒᆞ여십디다. 곤밥이 경 하영 쌓여 이신 건 체얌 보앗주마씸. 심방은 무신 타령 ᄀᆞᇀ은 걸 ᄒᆞ여줍디다. 끗나난 돈도 받고 곤밥도 반이나 덜어 가집디다. 산 ᄀᆞᇀ이 쌓은 밥 우터레 또 우리 걸 엎읍디다. 그날 ᄒᆞ루만 심방네 ᄯᆞᆯ이민 얼마나 좋으코예. 곤밥을 실컷 먹을 수 이시난예.

"하이고, 저 밥을 어떵 다 먹젠 ᄒᆞ염신고." ᄒᆞ는 생각이 들어젼예. 심방이 뭣옌 ᄀᆞᆯ아신디 기억이 엇고 곤밥이 산더미ᄀᆞᇀ은 구덕만 머리에 남읍디다.

"어무니, 심방은 그 밥을 어느제 다 먹을 건고예. 밥도 밥도, 조그만이 모둔 게 아닙디다." 집이 완 어무니안티 ᄀᆞᆯ아수다. 어무니가 "심방은 이때 벌영 먹엉 사는 거 아니가. 밥은 ᄆᆞᆯ령 놔뒷당 죽 쒕 먹느녜. 뻥튀기도 ᄒᆞ영 먹곡, 곤밥만 이시민 ᄒᆞ여 먹을 거 족아시냐" ᄒᆞ는 거라예.

그날 보난에, 넓은 빌레에 제물이 끗도 엇이 올린 모냥이 잘도 보기 좋읍디다. 어릴 때 본 거주만은 잊을 수가 엇어예. 그 ᄉᆞ시엔 어느 집이나 당에 강 치성을 드령 옵니다. 어떤 집은 두 세 반디 가기도 ᄒᆸ니다. 우리 ᄆᆞ을은 큰 ᄆᆞ을이라부난 심방은 ᄒᆞ루에 단골덜을 ᄆᆞᆫ 볼 수가 어수다. 요자기 누원 생각ᄒᆞ여 보난에, 당도 막 합디다.

우리 ᄆᆞ을 당 일름 튼내지는 것만 골아 보카마씀. 궤네기당, 새당, 성세깃당, 세비옷당, 큰당, ᄂᆞᄆᆞ리 일뤠당이 이수다. 게고 영등물고개 바당쪽에 서문하르방당이 이수다. 이 당은 애기 못 나는 사름도 간댄 ᄒᆸ니다. 아덜 나는 영험ᄒᆞᆫ 당이랜 ᄒᆞ여예. ᄆᆞ을서 멀리 떨어진 디도 당이 멧 개 잇젠 ᄒᆞ는 말 들어수다.

어떤 삼춘은 이 밤광 저 밤 ᄉᆞ이에 제물을 구덕에 경 느량 당에 갓다와나수다. 덕대도 크지 안ᄒᆞᆫ 어룬이 그 짚은 밤에 혼체 오름을 지낭 어떵 갓다와신고예. 지세어멍 ᄀᆞ심은 뜰리댄 어룬덜이 골아나수다. ᄒᆞᆫ 번은 당에 가는 캄캄ᄒᆞᆫ 질에 무신 히여뜩 ᄒᆞᆫ 게 올락ᄂᆞ력 ᄒᆞ는 게 붸려져랜예. 볼춤읏이 구신이라랜 ᄒᆸ디다. 얼른 관세음보살을 멧 번 불르난 엇어져랜 ᄒᆸ디다. ᄒᆞ꼼 겁난 ᄌᆞ주 뒤를 바력바력 ᄒᆞ여져랜 마씀.

어룬덜은 당에 가는 일을 막 크게 생각해수다. 겐디 ᄒᆨ교선 미신행위를 ᄒᆞ지 못ᄒᆞ게 부모안티 말 ᄒᆞ랜 ᄒᆞ여나수다. 무식ᄒᆞᆫ 사름덜이나 ᄒᆞ는 거랜예.

요지금인 당에 가는 사름이 경 하지 안ᄒᆸ니다. 엇어져분 풍속이 넘이 하부난인가예. 응 ᄒᆞᆫ 것덜 생각ᄒᆞᆯ 때 무신거산디 제주의 소중ᄒᆞᆫ 걸 잃어분 것 ᄀᆞᇀ아집니다. 경ᄒᆞ여도 제주 사름덜 순박ᄒᆞᆫ ᄆᆞ음만은 잃어불지 안 ᄒᆞᆯ 거우다.

아주 어릴 때였어요. 어머니 심부름을 했죠. 대바구니에 갖은 제물을 차려 주면서 새당에 다녀오라고 했어요. 그러니까 그때가 언제냐 하면요. 제가 열 살도 안 될 때인 것 같아요. 1975년 전후인 것 같네요. 어머니가 차려 준 것을 보니까, 쌀밥에 사과하고 귤이 하나씩, 또 삶은 달걀이 하나 있었습니다. 아, 마른 우럭구이도 있었죠. 손에 돈도 얼마 주면서 길에서 잊어버리지 말고 잘 갖고 가라면서 주머니 속에 놓고 가라고 하셨어요.

그날은 당에 가는 날이었어요. 당은 구분 지어서 말해야 합니다. 아기들 있는 집이 가는 당이 있고, 해녀가 가는 당이 다 다릅니다. 아기가 생기길 바라는 사람이 가는 당도 있어요. 그날 간 당은 집안을 위하는 당인 것 같아요. 그때는 당도 여기저기 많고 찾는 사람도 많았답니다.

"어디로 가면 됩니까." 하니까, "응, 우리 닥낭밭 가는 쪽으로 가다가 보면 여기저기서 많이 가고 있을 거야. 따라서 가면 된다." 하더라고요. 정말 우리 밭 가는 쪽으로 가다 보니 사람들이 한쪽을 향해 가더군요. 그래서 저도 갔지요. 가서 보니 마을 여자들은 다 나왔는지 제물을 빼곡하게 차려 놓은 게 장관이었습니다. 사람도 셀 수 없이 많았어요.

제물은 거의 다 비슷했어요. 구덕을 옆에 찬 채 쪼그려 앉아 차례를 기다렸죠. 내 차례가 되어 앞에 나가 바라보니 무당 옆에는 대바구니에 천을 발라 음식을 넣는 데 쓰는 바른 구덕이라 불리는 큰 구덕 서너 개가 있었어요. 거기에 쌀밥이 쏟아질 것처럼 가득했어요. 흰밥이 그렇게 많이 쌓여 있는 것은 처음 보았죠. 무당은 무슨 타령 같은 것을 해주었어요. 끝나니까 돈도 받고 흰밥도 반이나 덜어 가지더군요. 산 같이 쌓은 밥 위로 또 우리 걸 얹더라고요. 그날 하루만 무당네 딸이면 얼마나 좋을까요. 쌀밥을 실컷 먹을 수 있으니까요.

'아이고, 저 밥을 다 어떻게 먹으려고 하지.'하는 생각이 들더군요. 무당이 뭐라고 말했는지 기억에 없고 흰밥이 산더미 같은 구덕만 머리에 남았어요.

"어머니, 무당은 그 밥을 다 언제 먹을까요. 밥을 여간 많이 모은 게 아니던데요." 집에 와서 어머니께 말했죠. 어머니께서 "무당은 이때 벌어서 한 해 먹고사는 것 아니냐. 밥은 말려 두었다가 죽 쒀서 먹지. 뻥튀기도 해서 먹고, 쌀밥만 있다면 해 먹을 음식이 없겠느냐." 하시는 거예요.

그날 보니까요, 넓은 바위에 제물을 끝없이 올린 모습이 참 보기 좋았어요. 어릴 때 본 것이지만 잊을 수가 없네요. 그때쯤엔 어느 집이나 신당에 가서 치성을 드리고 옵니다. 어떤 집은 두세 군데 가기도 합니다. 우리 마을은 큰 마을이라서 무당은 하루에 모든 단골을 다 볼 수 없어요. 며칠 전에 누워서 생각해 보니 당도 많더라고요.

당 이름 생각나는 것만 말해 볼까요. 궤네기당, 새당, 성세깃당, 세비옷당, 큰당, 노무리 일뤠당이 있습니다. 그리고 영등물고개 바다쪽으로 서문하르방당이 있습니다. 이 당은 애를 낳지 못하는 사람도 간다고 합니다. 아들 낳는 영험한 당이라고 해요. 마을에서 멀리 떨어진 데도 당이 몇 개 있다고 하는 말 들었어요.

어떤 동네 아낙은 깊은 밤에 제물을 대나무 구덕에 지고 늘 당에 다녔어요. 몸피도 크지 않은 어른이 그 깊은 밤에 혼자 오름을 지나서 어떻게 다녀왔을까요. 어른들이 현덕한 지어미 감은 역시 다르다고 말했었죠. 한번은 신당에 가는 깜깜한 길에 뭔 희한한 게 오르락내리락하는 게 보였대요. 볼 나위 없이 귀신이더래요. 얼른 관세음보살을 몇 번 부르니 사라졌대요. 좀 겁이 나서 자꾸 뒤를 봐 지더랍니다.

어른들은 신당에 가는 일을 아주 크게 여겼습니다. 학교에서는 미신 행위를 하지 말라고 부모님께 얘기하라고 했어요. 무식한 사람들이나 하는 거라면서요.

요즘은 신당을 찾는 사람이 그렇게 많지 않습니다. 사라져 버린 풍습이 너무 많아서일까요. 이런 것을 생각할 때 뭔가 제주의 소중한 것을 잃어버린 것 같이 느껴집니다. 그래도 제주 사람의 순박한 마음만은 잃어버리지 않을 것입니다.

꿈에

돌아가신 지 오 년 만에 처음으로 어머니 꿈을 꿨다. 꿈에라도 와 주시길 간절히 바랐는데, 며칠 전 초저녁잠에 생생하게 뵈었다. 평소 그 시간에 잠드는 일이 없는데 어째서 그랬는지 모르겠다.

해 질 녘이었다. 밭일을 끝내고, 누구인지 기억나지 않는 여인 두 명과 비탈길을 걸어 집으로 돌아가는 중이었다. 두 사람은 웃으며 대화를 했지만 무슨 말을 하는지 알아들을 수 없다. 나 또한 같이 걷기는 해도 대화에 끼어들지는 않았다. 그들은 나와 다른 공기층에 있는 것 같다. 같이 걷고 있지만 나와 같지 않은 존재다.

큰비가 내릴 때 쓸려간 것인지 군데군데 골이 팬 비포장의 넓은 길이다. 길 양옆으로는 편백 나무가 울창하다. 우리 마을 길이 아니다. 산야

초가 군락을 이룬 곳이다. 언니 따라서 한 번 다녀온 바로 그 길이다. 남의 마을이기도 하거니와 화산 송이로 이루어진 토질도 낯선 느낌을 주는 곳이다. 해가 떨어지기 직전이니 발걸음이 빠르다.

문득 아직도 밭에서 일하고 있을 어머니가 생각나 뒤돌아서 뛰기 시작했다. 숨을 헐떡이며 도착했는데 어머니 계신 밭을 가려면 어떤 집을 거쳐야 했다. 슬레이트로 된 보통 집이었는데 대문이 없다. 바로 현관으로 통하게 되어 있었다. 섀시로 된 유리문을 열고 들어갔다. 다시 방문을 열었다. 완전히 깜깜하지는 않았지만 어두운 방이다. 가구도 없는 삭막한 느낌이다. 네모난 공간이라고 해야 맞을 것 같다.

세 명의 아기와 아빠인 듯한 남자가 있었다. 그중 가장 어린 아기는 남자의 양다리 사이에 앉아 있었다. 아기가 넘어질까 봐 그러는지 두 다리를 펴고 양손은 무릎에 댄 채 얼굴은 아기를 향하고 있다. 문을 여는 나를 힐끔 보더니 아무렇지도 않은 듯 고개를 돌린다. 다른 사람도 그 방으로 드나들었는지 상관하지 않는다. 한쪽 구석에는 예닐곱 살 된 아이가 있었는데 블록 같은 걸 만지고 있다. 사내아이인지 여자아이인지 구분할 수 없다. 다른 방으로 연결된 문 옆에 그보다 어려 보이는 아기가 작은 이불을 덮고 자고 있었다. 풍요로운 느낌이라고는 찾아볼 수 없다.

다음 문을 여니 좁고 어두운 방에서 노인 부부가 티브이를 보고 있었다. 벽에 등을 붙인 채 다리를 나란히 앞으로 뻗어 앉아 있다. 방안에 옷가지 하나 없는 메마른 모습이 흑백필름을 보는 것 같다. 이 방 역시 가재도구라고는 티브이를 빼고 아무것도 없다.

문 여는 나를 보더니, 할머니가 "저 옆으로도 길이 나 이수다." 하면서 오른손을 들어 방 너머 길 쪽을 가리킨다. '돌아갈 땐 이 집 거치지 말고 그 길로 가면 되겠구나,' 생각하며 출구 쪽으로 나갔다.

문을 닫고 나오니 허드레 부엌 같은 곳이 있고 유리창 너머로 어머니가 환히 보였다. 저기 멀리 파란 보리밭에 앉은 어머니가. 빈 땅이 보이지 않게 잘 자란 보리가 짙푸르다. 일하다 목이 말랐는지 물을 마시고 페트병의 남은 물을 보리에다 털어주는 중이었다. "어무니!" 하고 부르자 고개를 들어 바라보는데 젊었을 때의 얼굴이다. 선 채로 손나팔을 만들어 큰소리로 외쳤다.

"어무니이, 지금 저녁 아홉 시 사십 분이우다. 무사 아직도 일햄수과.(왜 아직도 일하시는 거예요.) 나, 어무니 때문에 정말 못살아." 하는데 그만 울음이 터졌다. 얼마나 속상했는지 가슴을 팡팡 치며 앙앙 울었다. 어머니는 아무렇지도 않게 나를 바라보셨다. 반갑지도 싫지도 않은 표정이다. 마치 내 말이 들리지 않은 것처럼.

그때 꿈에서 깨어났다. 깨고 나서도 꿈 속에서의 감정이 가시지 않았다. 평생 일만 하다 돌아가신 어머니 생각에 눈물이 났다. 막내 딸아이가 다가와 "엄마, 왜 그러세요?" 하고 묻는다. 꿈 얘기를 해 주는데 목이 메어 말을 잘할 수 없다. 말하다가 울기를 반복했다.

"우리 엄마, 할머니가 얼마나 보고 싶었으면 그럴까. 울어요. 괜찮아요." 하며 안아준다. 엄마 같은 딸의 품에 안겨 엄마인 내가 위로를 받았다. 소리 내어 울고 나니 마음이 좀 풀렸다.

어릴 때부터 어머니 밭일하시는 게 무척 안타까웠다. 학교가 끝나면 일을 도와야 했다. 밭을 다 팔아버렸으면 하는 마음도 한두 번 가진 게 아니다. 그 돈으로 가게를 하면 될 텐데 왜 농사만 고집하시는지 이해가 되지 않았다. 늦은 시간까지 일하는 모습을 보는 게 무척 속상한 걸 보면 어릴 때 했던 생각이 마음속 깊은 곳에 남아있었던 모양이다.

꿈속 보리밭 가운데는 큰 묘지를 둘러싼 산담*이 있었다. 거기에 의지해 앉아 물을 마시던 어머니. 밤 아홉 시 사십 분인데 어떻게 들판의 어머니 계신 곳은 말짱한 대낮이었을까. 분명 어두워져 가는 길을 뛰어서 밭에 갔는데….

방안의 사람은 얼굴도 자세히 보이지 않을 정도로 어두웠다. 문 하나 열고 나간 것뿐인데, 대낮인 상황이 생경해 여러 번 떠올렸다. 에너지도 없고 빛도 없는 낯선 방, 얼굴도 기억나지 않는 사람들, 그곳은 저승이었을까.

꿈을 깨고 나니 허망하다. 왜 어머니 계신 곳으로 뛰어가지 못했을까. 얼굴을 쓰다듬고, 어머니의 냄새를 맡고 싶은데. 흙 묻은 손을 부여잡고 어머니의 눈을 바라보며 "어무니, 나가 얼마나 어무니 보고정 해난 줄(보고파 했는지) 알암수과?" 하고 투정이라도 부렸으면 좋았을 것을. 어머니를 만난 기쁨에 입가엔 미소가, 눈가엔 눈물이 흘렀을 텐데. 오래 얼굴을 올려다보았으면 마음이 좀 풀렸을 텐데. 그랬으면 지금처럼 마음이 아프지는 않을 것을. 문턱 하나만 넘으면 됐는데 왜그러지 못했을까. 그리움보다 더한 갈증만 남았다.

새벽까지 잠이 오지 않았다. 꿈 내용을 자세히 메모했다. 지나쳤던 방의 모습과 어머니가 앉아 있던 산담과 보리밭 풍경까지 그렸다. 마치

---

* 산담: 묘의 둘레에 돌려 쌓은 돌. 소나 말의 출입을 막기 위해 무덤 주위에 돌을 쌓아 영혼의 울타리를 만들었다.

어머니에게로 가는 길을 잃어버릴까 봐 그림을 그려두는 어린아이 같은 심정이었다. 어머니를 비롯한 세상을 떠난 이들을 위해 묵주기도를 바쳤다.

'하느님, 망자에게 영원한 안식을 주소서, 영원한 빛을 그들에게 비추소서. 돌아가신 저의 어머니와 세상을 떠난 모든 이의 영혼이 하느님의 자비하심으로 평화의 안식을 얻게 하소서.' 동이 트고 태양이 반듯하게 떠올랐다. 오늘은 입가에 종일 이 기도가 머무를 것이다. 밖을 바라보았다. 통유리를 통해 멀리 보이는 큰 나무를 쳐다보며 나도 모르게 중얼거렸다.

'어무니, 나 꿈에 또 옵서예. 꼭예, 꼭 와야 돼예.'

모로 누우라

새벽 두 시부터다. 태풍 차바가 왔다. 비바람이 매섭게 몰아치기 시작했다. 몇 년 전 태풍에 혼이 났던 탓에 도무지 잠을 이룰 수 없다. 일어나서 거실 전등을 켰다. 대봉감 나무가 뿌리째 뽑힐 것처럼 마구 흔들린다. 이제 막 주황빛으로 물들기 시작했는데 맛보기는 글렀다고 생각하며 유리창에서 눈을 뗀다. 하도 바람이 거세서 금방이라도 유리창이 깨질 것 같다. 새벽 5시가 되면 지나간다고 했으니 기다려 볼밖에 도리가 없다. 두 손을 가슴께로 모은다.

나리 태풍이 생각난다. 전복 요릿집을 경영하고 있던 때다. 새벽이 되면서 태풍이 몰아쳐 뜬눈으로 밤을 새웠다. 전기가 끊겨서 수족관의 전복이 폐사하게 생겼다. 남편과 함께 거센 비바람을 뚫고 비교적 태풍

영향이 적은 곳에 전복을 맡기고 오는 길이었다.

넓은 주차장으로 쓰고 있는 복개천에 다다랐다. 비바람이 얼마나 심한지 자동차는 윈도 브러시를 최대한 빨리 작동시켰는데도 앞을 분간할 수 없다. 차는 물에 반은 잠긴 채였다. 강풍에 차가 밀려가는 것인지 엔진의 힘으로 가는 것인지 모를 정도다. 그곳에서 가게까지는 3분 거리였는데 몇십 분 걸려서 도착했다. 앞이 보이지 않아 오직 감에 의지해 운전해서 온 것이다.

우리가 그곳을 지나오자마자 갑자기 불어난 물에 많은 자동차와 사람이 바다로 떠내려갔다는 뉴스를 들었다. 등골이 오싹했다. 집이 통째로 떠밀려가는 바람에 집 안에 있던 사람도 실종된 상태라고 한다. 거의 같은 시간대였는데 우리는 아슬아슬하게 살아난 것이다.

만조가 되면서 바닷물이 육지로 올라오기 시작했다. 가게는 이미 하수구에서 바닷물이 솟구치며 홀과 주방이 물에 잠겼다. 주변의 몇몇 호텔도 투숙객들을 대피시키느라 난리다.

거리도 허리춤까지 물에 잠겼다. 운전하던 기사가 불어난 물에 두려웠는지 차를 버리고 대피해 버렸다. 유리창 너머에선 호텔 대형버스와 고급승용차가 물에 둥둥 뜬 채 거센 바람에 이리저리 흔들리고 있었다. 직원 중 한 사람이 "저 비싼 차는 누가 주워 가지도 않네." 하며 농담을 했지만 웃는 사람은 아무도 없었다. 이미 길은 가게 안 보다 수위가 더 높아졌다. 문틈마다 물이 들어오지 못하게 수건으로 막아 놓았다.

하수구에서 바닷물이 역류했다. 직원들과 우리는 오도 가도 못하게 갇힌 신세가 되었다. 밖의 물이 유리창을 덮치고 세차게 안으로 들어온다면 그대로 수중고혼이 될 판이다. 또 한 가지 걱정은 강풍에 흔들리며 교차로에 떠 있는 저 자동차들이 우리 가게 유리창에 부딪히지 않을까 하는 것이었다. 물이 더 불어나지 않게 해달라고 간절히 기도하는 가운데 초조한 시간이 흘렀다.

오후 들어 간조가 되면서 거리의 물이 점차 빠지기 시작했다. 수백만 원을 들인 육중했던 간판은 강풍에 날아가 버렸다. 그 대신 어디서 날려 왔는지 '어린이 보호'라 쓰인 플라스틱 세움 간판이 보일러실 옆에 거꾸로 처박혀 있었다.

세워 둔 차에 물이 찼을 것이라 생각하며 주차장으로 발길을 옮겼다. 자동차 가까이 다가간 순간, 강풍에 건물 일부가 부서지면서 6층의 벽돌 더미가 내 앞에 벼락처럼 내리꽂혔다. 한 발짝만 더 갔어도 벽돌이 나를 덮쳤을 것이다. 눈앞에서 차가 부서지는 걸 보며 몸이 얼어붙어 발을 뗄 수 없었다.

그날 두 번이나 생사의 갈림길에 섰던 셈이다. 그 일 때문인가. 전에 없이 태풍이 온다는 말을 들으면 나도 모르게 긴장된다. 태풍도 생명이 있다. 생겨나고 소멸하는 것도 그렇지만 속도도 있다. 나리 태풍은 느리게 지나가서 큰 피해를 냈다. 태풍이 오면 바다도 밑바닥까지 뒤집혀서 생태계가 다시 제자리를 잡게 된다고 한다. 세상의 모든 이치는 이처럼 시작이 있으면 끝이 있는 것인가.

어릴 때 천둥과 번개가 심해지면 우리는 천장을 보고 눕지 못했다. 어머니께서 모로 누우라고 단도리를 하셨기 때문이다. 하늘이 노하셨는데 방자하게 하늘과 마주 보면 안 된다는 것이다. 성인이 된 지금도 천둥과 번개가 칠 때면 나도 모르게 모로 눕게 된다. 그것은 대자연 앞에 겸손한 모습을 보이고 싶은 마음 때문이다. 나이 들면서 어릴 때는 미처 깨닫지 못했던 자연의 위대함에 경건한 마음을 갖게 된다. 나무 한 그루, 들풀 한 포기에도 자연의 경이가 담겨 있음을 이제는 안다.

닥치는 대로 개발하고 자연을 무참히 무너뜨린 결과로 과연 우리는 무엇을 얻었나 생각해 본다. 요즘은 지구 온난화나 지진을 아무렇지도 않게 입에 올리게 되었다. 자연 앞에 한없이 나약한 인간의 모습을 본다. 급류에 집이 통째로 떠내려가는 영상을 보았다. 사람은 얼마나 미미한 존재인가. 인간은 칼날을 손에 쥐었고 조물주는 손잡이를 잡은 상대다. 인간이 칼을 아무리 휘둘러도 자기 손만 베인다. 집채만 한 파도를 메다꽂으며 '이래도 그 작은 두 주먹을 들이댈 텐가.' 호령하는 칼의 주인은 자연이다.

그러나 인간은 다시 불도저를 들이대며 도전장을 내민다. 이 시대가 험악한 자연재해를 겪는데 후손들은 과연 안전하게 삶을 영위할 수 있을까. 당장 제주는 물이 부족한 곳이 될 것이라고 전문가들은 말한다.

옛날 보았던 바닷가의 담수도 지금은 말라 버린 곳이 많다. 여름날 얼음처럼 차가운 물에서 누가 오래 참는지 내기했던 그 청청한 물은 어디로 가버렸단 말인가. 우리 동네는 바닷가에 단물 나오는 곳이 많았다. 물이 얼마나 좋았으면 청수淸水동이라 불렀을까. 청수동의 담수 중에서도 두 손을 넣어보기조차 미안한 '청굴물'은 단연 으뜸이다. 죽어가는 사람이 마지막으로 청했던 청굴물은 자손만대까지 솟았으면 좋겠다.

'저승 가면 이승에서 사용한 물을 다 마셔야 한다.'는 말을 자주 들었다. 한 바가지의 물도 아껴 쓰라는 뜻이다. 그래서 우물에서 물을 길을 때면 무거운 두레박의 물을 흘리지 않고 양동이에 부으려고 얼마나 애

썼던가. 자연을 겸허히 대하던 한마디 어머니 말씀이 그립다.

"모로 누우라, 모로 누우라."

올레길이 된 그곳에는 정자가 세워져 있고 올레꾼들은 한담을 나누고 있었다. 그 옆에는 계단을 올린 도대불(등대)이 있다. 어릴 때는 우리 집을 비롯해 초가집들이어서 계단이라는 것을 본 적이 없다. 어머니가 이 부근에서 물질할 때 등대에서 숨바꼭질하면서 놀던 곳이다. 고래기름으로 밤새 불을 밝혀 남편을 기다리던 아낙들도 다 저세상 사람이 되었다.

part 6

아포리즘과 장편수필

고래 대학교

초등학교 3학년 교실.

고래 모양의 지우개를 사용하던 어린이가 생각난 듯 선생님에게 물었다.

"선생님, 선생님도 고래 대학교 나오셨죠?"

"응, 그게 무슨 말이야?"

"이런 고래 대학교요." 지우개를 들어 보이며 말했다.

"지우개하고 고려대학교하고 무슨 상관이 있지?"

"아, 고려대학교예요? 저는 지금까지 고래대학교인 줄 알았어요."

"뭐라고, 정말?"

웃을 일이 없는 요즘이다. 순수한 어린이의 엉뚱한 말 한마디는 웃음을 짓게 하고 분위기를 유쾌하게 만들어 준다.

친구의 이야기다. 아가에게 창밖의 비 오는 모습을 보여주며 '비'라는 단어를 가르쳐 준 적이 있다. 그랬더니 바닷가를 지나는데 "비, 비." 하더란다. 아이들을 키우면서 어릴 때의 순간순간을 즐기지 못한 게 아쉽다.

과거는 현재의 보물인데….

나는 닭띠야

우리 둘째 아이는 어려서부터 남에게 지는 걸 싫어했다. 두 살 위의 언니가 서울에 다녀와서 쓴 글로 상을 받았다. 그걸 보고 부러웠던 모양이다. 한 번도 가 본 적 없는 동물원을 배경으로 일기를 쓴 게 아닌가. 일기는 거짓으로 쓰는 게 아니라고 말해 주었더니 상상일기를 썼다는 것이다. 이럴 때는 뭐라고 해야 하는 걸까.

딸이 아주 어릴 때다. 서울에서 온 어린 조카를 데리고 집으로 가는 차 안에서 남편과 조카가 대화를 주고받았다.

"외삼촌, 저 드디어 녹색 띠 땄어요."

"와, 벌써? 대단한데."

남편은 오랜만에 만난 조카의 기를 한껏 살려 주었다. 그런데 우리

애는 왜 그런지 장난도 치지 않고 대화에 집중하는 모습이다.

"다음엔 꼭 파란 띠 딸 거예요."

아직 어려서 태권도가 뭔지도 모르는 우리 딸, 결국 한마디 했다.

"오빠, 나는 닭띠야."

벙겅망 1

해녀들이 무사안녕을 기원하며 던진 사과와 귤이 해초와 함께 떠다니던 물 깊은 곳.

늙은 해녀가 끝내 잠든 그곳.

큰 썰물로 바다가 다 말라 버린다는 음력 삼월 초였다. 그날 집에 있는 사람은 도둑질하려고 남아 있는 것이라는 말을 할 정도로 너나없이 바다에 나가 해산물을 잡는 날이다.

동네 사람들 따라 바릇잡이를 갔다. 수두리보말이라고 부르는 고둥이 많아 움직일 필요도 없이 한자리에서 작은 구덕을 가득 채웠다. 성게와 소라는 말할 것도 없고, 오분자기도 몇 개 채취해서 기분이 좋았다.

보말미역국을 해서 저녁을 먹는데 어디서 이렇게 많이 잡았느냐는 어머니 물음에 "병경망에서요."라고 했더니 화들짝 놀라며 하시는 말씀.

"아이고 얘야, 거긴 영등할망이 있는 신성한 곳이다. 다음부턴 그곳에 가지 마라."

가끔 그곳에서 신들린 듯 바릇잡이하는 꿈을 꾼다.

그런 날은 꼭 비가 온다.

벙경망 2

무더위에 지쳐 입맛을 잃었다. 이럴 땐 자리물회만 한 게 없다. 제피라고 부르는 향신료가 들어가야 좋다. 어린 우리를 위하여 어머니는 가시가 센 자리돔을 잘게 다져 물회를 만들었다. 고추장을 곁들인 덕분에 불그스름한 색의 국물이 먹음직스럽다.

큰 배 선주였던 외할아버지는 해녀를 모집하여 함흥과 청진까지 진출했었다고 한다. 아마 1940년대쯤인가 보다. 추운 지방인 그곳에서 생산된 명란젓 한 궤짝을 제주로 보내온 적이 있다고 했다. 어머니는 겨우내 먹었던 이 음식이 최고의 추억이라고 하셨다.

할아버지는 말년에 배를 처분하고 테우를 가지고 자리돔을 잡으셨다. 벙경망에 테우가 들어오면 자리돔을 사려고 모여 있는 사람들 뒤에

줄을 선다. 함지박 들고 서 있는 나를 보시고는 "저기, 우리 손녀에게 자리 한 됫박 주어라." 하고 선원에게 우렁차게 말씀하셨다.

베 잠뱅이를 입고 꺼멓게 그을린 얼굴로 테우의 노를 젓던 그들은 다 어디로 갔을까.

병경망은 아직도 깊은데….

삼밭의 쑥

"지금까지 했던 게임들이 의미 없게 느껴져요."

"그렇지? 그래서 위인전을 읽으라고 권했던 거야. 그중에 존경하는 한 사람을 본보기로 삼아 그를 닮으려고 노력해 보렴. 그러면 너도 그런 사람이 될 수 있을 거야."

'삼밭의 쑥'이란 말이 있단다.

옆으로 퍼져 자라는 쑥이 꼿꼿하게 위로 자라는 삼밭에 들면 저절로 반듯하게 자란다. 거꾸로 쑥밭에 떨어진 삼 씨는 제 본성을 잊어버리고 쑥처럼 땅바닥을 기며 자라지. 어떤 사람은 평생 쑥으로 사는 이도 있단다. 하지만 자신이 삼인 것을 깨달으면 인생은 달라지겠지.

흰 모래와 검은 모래가 섞이면 그것은 함께 검어진다. 네가 쑥일지라도 삼 같은 친구들과 어울리면 너는 반듯한 사람이 된다.

명심하렴. 지금 어떤 책을 읽고 있는지, 어떤 친구들과 사귀고 있는지. 그게 바로 5년 후, 너의 모습을 미리 알 수 있는 지표란다.

어떤 만남

"또 왔어? 오지 말라고 했지."

"강아지 간식 사러 온 거예요."

"간식이고 뭐고 이제 다신 우리 가게 오지 마. 이 바람개비 같은 자식아."

"아저씨, 그렇게 부르지 마세요. 저는 두 사람 다 좋아해요."

"요놈 봐라. 열 살짜리 우리 딸 눈에 눈물 흘리게 한 놈이, 내 딸과 사귀면서 양다리를 걸쳐? 넌 바람개비야, 바람개비. 이 바람개비 같은 자식아."

"저 여기서 강아지 샀잖아요. 손님이란 말이에요. 태권도 학원 끝나면 매일 올 건데요."

"오지 말라니까. 너한테 이천 원짜리 간식 안 팔아."

"너무 그러지 마세요."

아이들조차 만남과 이별이 스쳐 가는 바람 같다. 어른들에게 보고 배운 것인가.

잊혀진 이야기

또 귀신 이야기다. 밤마실 온 어른들의 옛날이야기는 끝이 없다. 어느 아낙의 이야기이다. 바람이 많이 불어서 해초가 밀려왔을 거라는 생각에 한밤중인지 새벽인지도 모르고 바다에 갔다. 도깨비와 싸우다 날이 밝아서 보니 상대는 몽당 빗자루였더라는 말이다. 사람들이 다 가버리고 나면 우리에겐 무서운 생각만 남았다.

우리 마을엔 당이 많다. 젖먹이를 둔 어머니가 다니는 당, 해녀를 위한 당과 뱃사람을 위한 당도 있다. 마을 사람이 많이 가는 날이 있다. 그날 무당의 큼지막한 대바구니에는 사람들에게서 받은 쌀밥이 가득하고 돈주머니도 불룩해 있었다.

금기는 왜 그리 많았을까. 신당의 고목을 똑바로 봐서는 안 되었다.

눈병이 나고 우환이 닥치므로 입에 올리는 것조차 삼갔다. 백성을 질병과 위험에서 구해 주는 신이 왜 저주를 내릴까. 의구심에 어머니께 여쭈면 검지를 입에 갖다 대었다.

그 부근만 가면 눈을 어디에다 둬야 할지 몰라 몇 발자국 앞만 바라보며 정성스러운 마음으로 걸었다. 고향에 내려오는 전설과 귀신 얘기는 어른들 수다의 단골 메뉴였다. 우리는 그런 얘기를 들으며 자랐다.

재미있는 이야기는 상상력을 자극한다. 《해리포터》와 같은 걸작이 바로 그것이다. 이 작품은 책과 영화로 전 세계를 움직였다고 해도 과언이 아니다. 어른이나 아이 할 것 없이 상상 속의 이야기에 빠져들었다. 또 하나의 위대한 작품 《반지의 제왕》을 탄생시킨 톨킨은 아이슬란드의 전설을 읽는 모임을 이끌었던 사람이다. 그래서 그는 불을 뿜는 용과 난장이원정대, 골룸 등을 창조해 냈다.

신화와 전설이 사라진 세상은 얼마나 삭막할까. 우리의 이야기가 잊혀가고 있다. 많은 이들이 게임과 스마트폰에 길들어 있다. 아름답고 재미있는 이야기 속에서 첨벙대며 놀았으면 좋겠다. 그것은 우리 영혼에 흡족한 단물이 되어 줄 것이다.

가족

남편이 울고 있다.

더위에 지치고 일상에 얹혀 입맛을 잃어버린 우리 부부는 집 근처의 식당에서 식사를 하고 있었다. 앞에 놓인 음식도 생기를 잃은 듯 탄력을 거두고 있다. 평소 좋아하던 음식이 나왔다. 하지만 우리는 그저 숙제하듯, 껄끄러운 모래가 씹히는 것처럼 제맛을 느끼지 못하는 중이다. 병원에 입원해 계시는 아버님의 병세를 누가 먼저 입에 올리느냐에 따라 침묵은 깨질 것이다.

남편은 아버님 병실의 손바닥만 한 보호자 침대에서 주무시는 어머님과 교대해서 병원에 다녀온 길이다. 시어머니께서는 환자가 불편해 한다며 당신이 아버님 옆에 있어야 한다고 고집하셨다. 그러나 아들의 설득에 한발 물러서서 하룻밤을 우리 집에서 주무셨다.

음식을 마주하고 앉은 우리는 지금 울고 있다.

아버님 곁의 보호자용 좁은 침대에서 아시잠을 청한 걸까. 깨어 보니 아버님의 이불 두 개 중 하나는 자신이 덮고 있었고 베개도 베고 있더란다.

암으로 오랜 기간 투병하신 아버님.

이젠 누구의 도움 없이는 일어서지도 못하는데, 오십이 넘은 아들을 위하여 자신이 덮고 있던 이불을 덮어 주신 것이다. 그 말을 듣는 순간, 왈칵 울음이 쏟아졌다. 남편도 울기 시작했고 눈물은 주체할 수 없게 되어갔다. 남이 보았으면 민망하다 싶을 정도로 우리는 울었다. 작은 방에 마침 둘만 있었으니 다행이었다.

부모란 무엇인가. 오롯이 자식을 위한 삶인가. 고열에 시달리며 이중 삼중으로 이불을 덮어 달라던 아버님. 서늘한 병실 온도를 가늠하여 당신의 이불을 중년의 아들에게 덮어 주셨던가.

가족, 핏줄은 이 세상 모든 눈물을 합한 것보다 따뜻하다.

강서 수필집

고향집 눌할망

인쇄 2020년 10월 20일
발행 2020년 10월 23일

지은이 강서
발행인 서정환
펴낸곳 수필과비평사
주소 서울시 종로구 삼일대로 32길 36(익선동 30-6 운현신화타워) 305호
전화 (02) 3675-3885, (063) 275-4000 · 0484
팩스 (063) 274-3131
이메일 sina321@hanmail.net essay321@hanmail.net
출판등록 제300-2013-133호
인쇄 · 제본 신아출판사

ISBN 979-11-5933-298-2 03810

값 13,000원

이 도서의 국립중앙도서관 출판예정도서목록(CIP)은 서지정보유통지원시스템 홈페이지(http://seoji.nl.go.kr)와 국가자료공동목록시스템(http://www.nl.go.kr/kolisnet)에서 이용하실 수 있습니다.(CIP제어번호: CIP2020043803)

Printed in KOREA

* 이 책은 2020년 Jeju 제주특별자치도 JFAC 제주문화예술재단 의 문예진흥기금을 지원받아 발간했습니다.